本書承蒙中央研究院陳仲玉教授審訂

編寫緣起 — 代序

　　《馬來西亞簡史》一書的輯編，主要目的在於提供學生一份瞭解馬來西亞歷史變遷的基本素材。自構思伊始，本書就不是以學術著作自期；此外，受邀編輯的筆者一則未曾接受史學訓練，復對研究主題專業知識相對有限，多賴研究生群進行文獻彙集與相關著作整理，始完成本書之編寫。

　　本書做為對東南亞及馬來西亞問題研究學生課堂上的背景資料，不論內容與格式均與學術性著作相去甚遠，且舛錯疏漏之處恐難避免，為免引發讀者疑慮，謹先在此鄭重說明，敬祈讀者諒解。筆者雖列名著者，然對本書之貢獻僅止於統籌編校工作，實忝居作者之名，故筆者不將本書列入個人著作之列，謹申明如上。

目　錄

第一章 國家型態出現以前的馬來西亞

第一節 遠古時代

根據考古研究暨地理變化的分析，在新生代第三世紀以前，馬來半島與蘇門達臘東海岸、婆羅洲南部、爪哇北岸是連結在一起的，馬來半島是原始人類自大陸移居海島的橋樑。考古學家在爪哇先後發現 30 萬年前和 60 萬年前的猿人化石，這些猿人應是經馬來半島南下。因此，早在遠古時代，馬來半島已有原始人類經過和居留。

約在 1 萬 2 千年前，馬來半島進入舊石器時代。當時的居民使用非常粗劣的石器，將石塊擊開取其鋒利部分作爲切割食物的工具。在現今霹靂州的哥打淡班和宜力，彭亨州的新應山和勞勿，都先後發現這個時代的遺物。

約 1 萬年前到 4,000 年前，馬來半島進入中石器時代，有關遺物在玻璃市、吉打、吉蘭丹、彭亨和柔佛等地均有發現。此時的石器已略作加工，除手握部分外，周圍都磨得十分鋒利，且有雙面和單面之分。1934 年在吉打與威斯利省交界的牟陀河挖掘的遺跡中，還發現堆積的蝸牛殼，大量牛、羊、熊、虎、豬等獸類的骨骸、赤鐵礦石、陶器碎片，灼黑的人骨以及一個屬於美拉尼西亞人種的下牙床。顯然，當地的美拉尼西亞人已學會取火熟食。

約公元前 2,000 年，馬來西亞進入新石器時代，遺物以磨光的鋒利四方斧和各種繩紋陶器爲標誌。當時的人類是原始馬來人，與現在馬來西亞半島的土著尼格利陀人和沙蓋人相似。他們已開始飼養牲畜和進行耕種，有的離開洞穴，沿河

建造簡陋的木屋居住。新石器遺址在柔佛、吉打、吉蘭丹、森美蘭和丁加奴等地均有發現。1954 年在吉蘭丹的瓜查發現一對男女骸骨，以及石環、陶罐、石珠。

約公元前 300 年左右，隨著鐵器和青銅器的傳入，馬來半島進入銅器時代。在彭亨淡馬魯和居　兩地發現兩片銅鑼、三口銅鍾。這時生產力有了較大發展，人們開始組成部落，逐漸定居下來。

第二節 古代國家

歷史上，馬來西亞並沒有形成統一的國家。馬來半島較早的古國，是《漢書》地理誌記載的都元國（地處今丁加奴的龍運）。西漢末年，王莽（公元前 45-23 年）派往印度黃支的使者經過此國，是一個港口國家。該使者還途經馬來半島的另一個古國，甚離國。甚離國是當時東西方交易的一個中心。

公元初，馬來半島北部出現一個叫羯荼（位於今吉打）的重要國家。由於該地盛產樟腦、檀香、金和錫，而且位於古代印度和中國國際通道的中途，十分適合過往商船停泊和交換商品，所以很快就成爲當時重要的國際貿易中心。羯荼和印度的關係十分密切，深受印度文化的影響。印度人不僅帶來了種植水稻的生產技術，而且帶來了宗教（印度教和佛教）和政治制度。到 9 世紀，吉陀國取代羯荼；11 世紀初，印度南方的注攀王朝派兵遠征吉陀，虜王掠物，吉陀王朝逐漸衰敗；14 世紀，該地出現馬來人統治的吉達國，並臣服於暹羅的素可泰王朝。

約在公元 2 世紀，馬來半島東北部（今吉打至北大年一帶）還出現另一個深受印度文化影響的國家－狼牙修，中國史籍又稱凌牙斯、凌牙犀角等。狼牙修也是一個貿易中心。公元 2－5 世紀，它被扶南國征服，直到 6 世紀扶南國衰弱後

才強盛起來，並與印度、中國有官方來往。這個古國一直延續到 16 世紀初。

據有關史書記載，公元 2 世紀後馬來半島還出現丹丹、盤盤、皮宗、班斗、拘利、浦羅中等古國。公元 7－8 世紀後，較重要的古國有吉蘭丹（今吉蘭丹）、登牙儂（今丁加奴）、蓬豐（今彭亨）、戎與鳥丁礁林（今柔佛）、單馬錫（今新加坡）等。它們大多以農業和貿易為主要經濟型態，具備一定規模的政治法律制度，且主要受印度文化的影響，不少為陸續移入的馬來人所建。

公元 7 世紀左右，眾多的馬來古國臣服蘇門達臘強大的室利佛逝國。到了 13 世紀末，室利佛逝被蘇門達臘新興起的滿者伯夷所滅，部分馬來王國便轉而臣服滿者伯夷。同時，暹羅王國也控制了馬來半島北部的小王國。

第二章　馬六甲王國的興衰（1402-1511）

馬六甲王國興起於公元 14 世紀末、15 世紀初，亡於 16 世紀的葡萄牙值名入侵；馬六甲王國國祚雖只區區百餘年，然由在政治、軍事、經濟和與對外交通等方面締造輝煌成就，且對其後來的發展具有重大影響，因而馬六甲在馬來亞歷史上占有重要地位。

第一節　王國的肇建

關於馬六甲王國的肇建始末，史家說法各異。據《馬來紀年》所載，14 世紀末，蘇門答臘滿者伯夷王國派兵攻陷淡馬錫王國，淡馬錫國王拜里迷蘇剌（《馬來紀年》稱爲斯甘陀沙 (1402-1424)）望北逃逸，過了柔佛海峽，於 1402 年到達位於今馬六甲市的一個小漁村，在這裡建立起馬六甲王國，成爲馬六甲王國的第一個國王。馬六甲，傳說是拜里迷蘇剌到達漁村時靠著休息的一棵樹的名稱。另一傳說拜里迷蘇剌是室利佛逝的王子，參加反滿者伯夷的暴動，失敗後逃到暹羅王國控制的淡馬錫，得到暹羅的庇護。不久，他殺死暹羅官員，自立爲王，暹羅立刻派出軍隊要捕殺他，於是拜里迷蘇剌逃到馬六甲另建王國。

第二節 王國的統治

建國伊始，馬六甲國力十分薄弱。爲了在政治上取得鄰國的支持，保障國家安全，他很快與中國明朝、蘇門達臘各國建立起官方關係。彼時，拜里迷蘇剌與蘇門達臘伊斯蘭教國波賽王國的一名公主結婚，自己也改信伊斯蘭教。在渠影響下，後世馬六甲王位繼承者都信奉伊斯蘭教，迄無剌佛哪沙統治時期（1445-1459年），伊斯蘭教成爲馬六甲國教，國王也改稱「蘇丹」。

就對外關係而言，馬六甲與中國明朝的關係相當密切。1403 年，馬六甲國王熱情接待來訪的明使。1405 年，馬六甲遣使北京，也得到明朝廷的歡迎，明成祖並下旨敕封拜里迷蘇剌爲馬六甲國王。1411 年，拜里迷蘇剌親率妻子陪臣540 人前往中國，成爲中馬關係中的一件盛事。此後，馬六甲歷代繼任國王幾乎都入朝明朝，直到滅國。

二世國王斯里麻哈剌統治時期（1424-1444 年），馬六甲建立了較完備的君主制統治制度。在王國的政治體制中，國王是國家的最高元首，其下有三位掌管政務的大臣：「盤陀訶羅」，地位相當於宰相，管理國家的內外政務，戰時統領軍隊；「天猛公」是軍務大臣和司法大臣，負責訓練軍隊和維持治安，同時兼掌禮部，凡使者觀見國王均由他主持禮節儀式；「奔呼盧盤呵黎」是財政大臣，主管徵收稅賦和國家財政收支。三大輔臣之下，有各司專職的「門德里」（部長）、水軍司令、「沙班達」（港口官員），再下有傳令官、侍從、御僕和衛士。統治官僚體系組織嚴密，等級森嚴。庶人亦分五等：第一等「室利」（Sri）是最高貴族；第二等是「珊」（Sang）爲一般貴族；第三等是下層官吏；第四等平民；最下等爲奴隸。馬六甲王室還頒布了一系列宮廷法規，包括國王的起居、祈禱、接見、授勛等。有關的制度和法規一直沿用至今。爲了鞏固統治和增加收入，斯里麻哈次在

位時還頒布了嚴厲的法律，規定穿黃衣侵犯王權者、不敬王而崇拜他人者、違反或反對王命者皆處死；犯罪居民，大罪刺穿、火焚，小罪則將手伸入沸滾的開水和溶錫中；人死後，未留遺囑的財產全部充公，留有遺囑的財產也須一半充公。

15 世紀中葉，著名政治家、軍事家和外交家敦□佩拉克連任三朝盤陀訶羅（1445-1498 年），馬六甲在外交和軍事上均取得重大勝利。四世國王無剖佛哪沙統治時期（1445-1459 年），馬六甲於 1446 和 1456 年兩次擊敗暹羅的侵犯，並於 1456 年和 1458 年兩次遣使暹羅，主動修好，終於達成互不侵犯協定，從而結束兩國長期不和的局面。五世國王蘇丹芒速沙統治時期（1459-1477 年），馬六甲憑借強大的國力連年用兵，以武力征服了馬六甲海峽沿岸各國，其疆域和勢力範圍幾乎包括了整個馬來半島和蘇門達臘，成爲東南亞最強大的國家之一，進入鼎盛時期。

1488 年七世王蘇丹瑪末繼位後，由於統治權力內部的嚴重衝突，馬六甲逐漸衰落。1500 年敦□穆塔希爾出任首相後，雖然出兵征服了北大年和吉打，又擴大了王國的版圖，但其專橫跋扈，使統治權力的衝突日益嚴重。1510 年蘇丹瑪末將敦□穆塔希爾誅滅，但已無法扭轉岌岌可危的國勢。一年，在葡萄牙軍艦炮火的襲擊下，持續一個世紀，曾雄踞東南亞的馬六甲王國終於滅亡。

第三節 社會經濟狀況

歷經拜里迷蘇剌和斯里麻哈剌兩代國王的銳意經營，馬六甲由一個荒涼的小漁村，蛻變成爲繁榮強大的國家與當時國際貿易交通的樞紐。印度、中國、暹羅、緬甸、印度尼西亞和其他東南亞的國家，以致於阿拉伯和歐洲的商人來往絡繹不

絕。馬六甲港口的景象一如《馬來紀年》所載:「不論上風和下風的行商也常常到滿剌加(馬六甲),當時是非常熱鬧。」在鼎盛時期,馬六甲流行著 84 種語言,港口帆 林立,街上各種膚色和不同穿戴的外國人摩肩接踵。

在馬六甲市集上,有來自遠東的絲綢、生絲、陶藝器、珠寶、玉石、銅鐵器具、樟腦、硝石以及大黃等各種藥材;有來自印度的紡織品、靛青、鹹魚干、肉干;阿拉伯的香水、珍珠、紅寶石、染料、織錦和各種裝飾品;東南亞各地的香料、豆蔻、蒌葉、象牙、稻穀、糖、椰子、柚木、寶石、牛、羊、豬、鹿、鹹肉、家禽、蔥蒜等各式各樣的商品,琳琅滿目。16 世紀初來到馬六甲的歐洲商人對該港的海上貿易讚嘆不已。瓦爾泰馬在他的遊記中寫到:「我確信,到此地的船舶比世界上其他任何地方要多,一切種類的香料和其他極為大量的商品都運銷此地。」托梅□皮雷斯在《東方諸國記》亦云:「馬六甲是一個專為供銷商品而設立的城市,全世界的任何都市都不能與之媲美・・・馬六甲為世界所環抱,而位於其中心;相隔千里的兩國之間的商業貿易,如不從各自的國家來到馬六甲,則不能成交。」

隨著貿易的發展,馬六甲港口貿易制度逐步健全。當時通用以錫和金製造的通貨,以及一種公認的度量衡標準。政府設立四個港務官員(沙班達)專司港口事務:一個負責來自古吉拉特的阿拉伯人、波斯人、印度人和其他從中東前往古吉拉特乘船來馬六甲的商人;一個負責來自印度尼西亞和菲律賓各島嶼的商人;一個負責來自印度的柯羅德爾海岸、孟加拉和下緬甸及蘇門達臘北部波散的商人;一個負責管理來自中國、印度支那半島東部和暹羅的商人。四個沙班達均從來自四個方面的商人中選出,都是專業熟手,精通業務。四個港主分別管理個別區域來的商船,為他們引見盤陀訶羅(相當於宰相),分配貨棧,發送貨物,安排食宿和預定象隻,並決定和徵收他們的港稅。

馬六甲王國對來自各國的各種貨品按值收稅,來自印度、錫蘭、緬甸、暹羅和阿拉伯的商船,抽稅 6%;東南亞本地區(指印度尼西亞群島)的商人收 3%;來自東方(主要是中國)的商船免稅。除了按規定繳稅外,商人往往還要向港主及有關官員和國王贈送禮品、貨物。因此,馬六甲的蘇丹貴族及各級官員均因港口貿易繁榮而致富。

馬六甲海上貿易發展,經濟繁榮,也推動了文化事業的發達。從波斯及阿拉伯世界的資料翻譯過來的有關亞歷山大的奇聞軼事,從波斯與伊斯蘭教一道傳入馬六甲;印度和爪哇的故事,透過皮影戲得到傳播,在芒速沙時代,《羅摩衍那》的故事,更是家喻戶曉;《馬來紀年》的一些英雄故事,幾乎是爪哇故事的翻版,伊斯蘭教也帶來了一些新作品,並引起人們的興趣,阿卜杜勒□卡里姆□吉利的《完善的人》即是其中之一。

除了港口貿易,馬六甲王國也發展一些農業,農民在河流兩岸開墾土地,種稻米、椰子、碩莪和甘蔗等農作物,並按規定向政府繳納十分之一的收成作田賦。但生產效率很低,糧食無法自給,須依靠爪哇輸入大米。

第四節 王國的殞落

歷史學者將 10 世紀起的東西方貿易,稱為「香料」貿易,而因此一貿易型態引發的衝突,則被冠以「荳蔻戰爭」。

彼時東方的香料(主要是丁香、豆蔻)貿易,幾乎完全由中東穆斯林商人所壟斷。歐洲一些國家為了打破穆斯林商人的貿易壟斷,直接從東方產地取得香料和其他原料,因此,自 14 世紀後期起歐洲各國便紛紛到東方尋找新的貿易通道

和建立殖民地。老牌殖民主義國家葡萄牙是最早對東方貿易發生興趣的歐洲國家。馬六甲地處東西海上交通要衝，又是當時東南亞國際貿易中心，自然成為葡萄牙人的首重要目標。

1509 年，葡萄牙軍艦首次到達馬六甲港口，被蘇丹瑪末派兵趕走，並捕捉了 20 多名葡萄牙人。1511 年 7 月，龐大的葡萄牙艦隊（18 艘船）再次來到馬六甲，要求釋放被捕葡萄牙人，以盤陀訶羅產業賠償損失，在馬建商站和城堡等等。由於其要求沒有得到全部滿足，葡萄牙便燒毀港口商船，向馬六甲發動進攻。開始，葡萄牙人遭受當地人民的頑強抵抗，蘇丹和他的兒子也騎著大象親臨戰場指揮，進攻被一次次擊退。8 月份，葡軍再次發起猛烈攻擊，經過半個月的惡戰，武器裝備落後的守軍傷亡慘重，馬六甲終於陷落，成為葡萄牙人的殖民地。

第三章 歐洲殖民統治時期

第一節 葡萄牙殖民統治時期（1510-1641）

公元 1511 年，葡萄牙人佔領馬六甲。葡萄牙人將城裡的財富劫掠殆盡，殺人越貨，大部分房屋、商品和貨物付之一炬。之後，在德勝保羅山麓依山面海建立了一座堅固城堡，加強防禦。葡萄牙人一方面大肆屠殺城內的伊斯蘭教徒，一方面大力推行基督教，建立了一座「聖母御告堂」，鼓勵葡人與當地人通婚，以根本滅絕馬來人的反抗意識；但是葡萄牙人的高壓統治和基督教化政策收效甚微，在馬六甲及其地區的 23 萬居民中，僅 6,500 人信奉基督教。

葡萄牙人統治期間的最高長官稱為總督，首任總督是魯伊□德□阿勞若。總督之下設有：由大法官、市長、主教等人組成的諮詢委員會協助總督處理行政事務。此外，另置「主將」等人協助總督處理軍務。主將是海陸軍的最高指揮，馬六甲一般維持有 500-600 人的軍隊和一、二艘裝備齊全的軍艦。大法官管理司法案件；經理負責後勤財政、港口收入。此外，還有眾多大小官員。

葡萄牙殖民官也委任一些當地人士參與政事。一個由 7 名民選成員組成的市政委員會，負責收稅、調解糾紛；此外，殖民當局委任一位公民為天猛公，管理南寧和林茂的馬來臣民。委任一位居民為盤陀訶羅，管理馬六甲的所有外僑。各種外僑又分別由各自的甲必丹進行管理。

葡萄牙人佔領馬六甲後，廢除了當地流通的貨幣，另鑄新幣，並對居民濫徵賦稅，無止境地進行掠奪。殖民當局利用對印度洋和馬六甲海峽航道的控制，對

過往商船強徵高額關稅，賤買貴賣，苛刻剝削，外來商船因此畏而避之。葡人又組織無敵艦隊，日夜巡邏海面，強迫商船駐泊貿易，敢有不從，即焚其船，把水手販爲奴隸。葡萄牙人的惡行，終於使外來船舶紛紛轉向馬來半島南部和蘇門達臘、爪哇等島嶼；柔佛、日里、霹靂、亞齊、和萬丹等港口因而繁榮起來；而來自中國的商船，也改停泊北大年。馬六甲的貿易地位因此一落千丈，稅收銳減，於是葡萄牙國王不得不頒布敕令，准許海峽改爲自由航道，並於 1544 年調整關稅，規定除糧食外，所有進口貨物，一律徵收進口稅 6%。由於當地人民的反抗和葡萄牙人佔領貿易港、控制通商通道的政策，葡萄牙人佔領期間的統治範圍僅限於馬六甲城及近郊的南寧、林茂等地。

馬六甲蘇丹瑪末在馬六甲陷落之際，偕其子及從人逃抵彭亨，建都柔佛河上游。蘇丹瑪末不忘亡國之恥，經過幾年蓄積力量之後，在 1516-1517 年大舉圍攻馬六甲。葡人困守孤城，糧食短缺，病者甚多，形勢危殆，葡人一度求和。然後來一個被馬來海軍拘捕的船主逃到馬六甲向葡人獻策並當嚮導，葡人乘虛偷襲麻坡河上要塞，馬來水兵 300 人全部罹難，要塞被焚。葡兵乘勝沿河而上，攻佔帕谷，蘇丹瑪末被迫解圍回援。1519 年，蘇丹瑪末再次發動圍攻，曾使葡人又一次陷於困境；但由於瑪末沒有主動進攻，當葡萄牙人得到從勃固運來的糧米後，發動反攻，圍城再度失敗。1520 年，葡人襲擊帕谷要塞，焚毀了堡壘，並使馬來艦隊蒙受重大損失；但是瑪末於 1521 年遷都賓坦，**繼續反抗葡萄牙殖民統治**，並在 1521、1523、1524 年三次打敗葡人對賓坦基地的進攻。

1525 年，瑪末集合陸軍 1 萬 6 千，水兵 4 千，進攻馬六甲，圍城 1 月，馬六甲岌岌可危。但在關鍵時刻，林加的統治者摩訶羅闍□伊蘇普（瑪末的女婿）拒絕出兵相助，且與葡人結盟。瑪末大怒，分兵討伐，葡人所受壓力因而大減。1526 年，當從印度前來的援軍到達時，葡軍便大舉進攻，攻佔賓坦，瑪末出亡。

1528 年，瑪末死，其子阿拉瓦丁繼承了柔佛王位，建都柔佛海岸；而瑪末長子穆扎法爾前往霹靂，建立了霹靂王朝。

阿拉瓦丁繼續與葡萄牙人進行戰爭，到 1536 年被打敗，損失慘重，於是與葡萄牙人媾和，遷都麻坡。1551 年，阿拉瓦丁東山再起，聯合霹靂、彭亨和爪哇扎巴拉女王，集兵 5 千，戰船 200 艘，圍攻馬六甲 3 個月之久，仍無功而返。戰事失敗後，阿拉瓦丁於 1586-1587 年再度圍攻馬六甲，但久攻不克。1587 年，葡萄牙軍得到從果阿來的援軍而加強，於是大舉反攻，摧毀了柔佛的首都（柔佛拉瑪），並掠奪了大量的戰利品。柔佛經此打擊後，國力大衰。

柔佛和亞齊的矛盾和衝突，大大地影響了與他們共同的敵人－葡萄牙的戰爭，使葡萄牙人從中得利。位於蘇門達臘北端的亞齊，在蘇丹阿拉瓦丁里阿亞特沙（1530-1568 年）統治時，以發展成為強國。它不僅稱霸蘇門達臘島東部和西部沿海地區，而且力圖控制馬六甲海峽航道。亞齊既進攻葡萄牙殖民者，同時也與柔佛作戰，從而形成三角戰爭的複雜形勢。

1537 年亞齊以 3 千兵力襲擊馬六甲，遭葡軍反擊，失敗而返。兩年後（1539年），亞齊攻佔柔佛屬地日里。1540 年，在一次海戰中被柔佛、碩坡聯合艦隊擊敗，損失慘重。直到 1547 年才恢復元氣，再次派艦隊進入馬六甲海峽，阻截從果阿、孟買、暹羅和勃固等地開往馬六甲的葡萄牙船隻，企圖使葡人彈盡糧絕。但是，馬六甲的葡萄牙人在得到援軍之後打敗了亞齊。

1564 年，亞齊把矛頭轉向柔佛，再次進攻日里，同時劫掠了柔佛的首都，將其付之一炬，蘇丹遭擄往亞齊，後遭殺害，兩國怨恨於是大為加深。1568 年，亞齊以空前規模的兵力圍攻馬六甲時，柔佛竟然不惜幫助馬六甲的葡萄牙人。葡萄牙人無後顧之憂，便對亞齊發動猛烈反擊，亞齊損兵 4 千餘，王子陣亡。1570

12

年、1573、575 年，亞齊三次進攻馬六甲，均告失敗。1579 年，亞齊又移師霹靂，殺死霹靂蘇丹，將其家屬擄往亞齊。1582 年，亞齊進攻柔佛，後者得到葡萄牙人的援助，擊敗了亞齊。

亞齊趁柔佛在 1587 年遭葡萄牙軍隊沉重打擊，國力大衰之際，於 1612 年再次攻佔日里，並於 1613、1615 年兩次洗劫柔佛首都，又將柔佛蘇丹擄回亞齊處死。柔佛新蘇丹無法建立鞏固的統治，被迫流亡。亞齊大力向馬來半島內陸擴張，相繼征服彭亨（1618 年）、吉打（1619 年）和霹靂（1620 年），將數以千計的人口擄到亞齊。

1629 年，亞齊蘇丹伊斯干達□沙（1607-1638 年）集兵兩萬，包圍馬六甲，登陸成功，擊潰了葡軍，迫使葡人退守城堡。就在馬六甲岌岌可危之際，柔佛和北大年的軍隊卻前來援助葡萄牙人。結果亞齊的艦隊遭到痛擊，慘敗而去。伊斯干達□沙的失敗，使馬來亞諸邦紛紛恢復獨立。到 17 世紀 41 年代，除霹靂外，亞齊喪失了它在馬來半島的全部領地。

葡萄亞人憑著自己先進的武器裝備，利用馬來人內部的矛盾衝突，特別是亞齊與柔佛，雖然勉強地頂住一次次狂濤般的進攻，但是卻無力與後來的荷、英勢力進行對抗，1641 年，葡萄牙在馬六甲的統治終於被荷蘭人所取代。

第二節　荷蘭殖民統治時期（1641-1824）

荷蘭到東方侵略起步晚於葡萄牙和西班牙，但其勢力擴展迅速。1595 年，荷蘭軍隊才在霍特曼率領下繞過好望角，首次航行東方。1596 年抵達萬丹。荷蘭是西歐的一個商業發達的國家，1602 年，荷蘭東印度公司成立，荷蘭便進入

侵占殖民地的新階段。

荷蘭勢力在東南亞的崛起，使葡萄牙人大為震驚。西班牙國王菲利浦二世（1580 年葡萄牙兼併西班牙，菲利浦二世兼為葡萄牙國王）為了粉碎荷蘭人的競爭，曾一度下令逮捕所有在西班牙海域內的荷蘭船隻，將其財產充公，又敕令果阿總督，對破壞葡萄牙商業利益的荷蘭商船徹底予以摧毀。然而荷蘭人利用東南亞人民和當地土王對葡萄牙壟斷貿易、宗教壓迫的不滿以及脫離葡萄牙統治的強烈慾望，爭取馬來人的友好支持，在與葡萄牙人的爭奪競賽中，越來越佔據上風。

1602 至 1603 年，荷蘭艦隊封鎖了馬六甲，葡人無力出海迎戰，只能堅守孤城。1606 年 5 月，荷蘭與柔佛締約，不僅得到了一個反對葡萄牙的盟友，而且獲得了在柔佛境內的貿易壟斷權。同年，荷蘭與柔佛聯合圍攻馬六甲。在這一年，葡人艦隊幾乎損失殆盡，馬六甲的貿易也陷於停擺。

1606 年，柔佛和荷蘭聯合行動之後，雙方分歧加深，1610 年兩國同盟終於破裂；然而，但到 1637 年，雙方為了把葡萄牙人趕出馬六甲，它們又一次攜手合作。1640 年 6 月，荷蘭艦隊開始砲轟馬六甲。7 月底，柔佛出兵助戰。馬六甲嚴重飢荒並發生疫病。到圍城末期，死者不下 1,500 人，柔佛和荷蘭人堅持圍攻，終於在 1641 年打敗了馬六甲的葡萄牙軍隊。葡總督眼見形勢無望，便接受荷蘭人的條件，宣佈投降，馬六甲成為荷蘭的殖民地。

荷蘭殖民者與葡萄牙一樣，壟斷貿易，強迫過往船隻入港，徵收高額關稅。它利用各土邦封建主的內鬨和馬來亞與印度尼西亞各土邦之間的爭奪，脅迫蘇丹訂立不平等條約，維持殖民統治和進行貿易壟斷。根據不平等條約，蘇丹必須將錫、胡椒等貨物廉價賣給荷蘭東印度公司。

荷蘭的經濟壓榨和掠奪行徑，自然引起馬來亞各土邦和在馬來半島貿易的印度商人的反抗，並使半島其他地區的國際貿易更加活躍起來。霹靂和吉打與荷蘭的貿易壟斷進行多次的抗爭。1651 年，在霹靂河口的荷蘭商站被搗毀，9 個荷蘭職員被殺害。1657 年，荷蘭人恢復了商站，但後來又遭搗毀。1657 年，在吉打同樣發生了攻打荷蘭人商站的事件。亞齊人則摧毀了荷蘭人在其所屬的普里阿曼、薩利多等蘇門達臘港口的商館。

荷蘭人極力控制位於馬六甲附近的米南加保小邦。1641 年迫使南寧（它曾幫助荷蘭圍攻馬六甲）簽訂臣服荷蘭的條約，後來又屢派遠征隊迫其履約。1647 年，南寧被迫重申承認藩屬與馬六甲城，他們統治馬來半島其他地區的企圖並未能實現。

柔佛在蘇丹阿卜杜勒□賈利勒□沙三世（1623-1677 年）統治時，曾乘葡人被逐出馬六甲和亞齊蘇丹伊斯干達逝世，亞齊在馬來半島影響衰落的時機，振興國家，並伸張勢力於蘇門達臘東海岸的碩坡和因陀羅基里。然而，柔佛復興的氣勢，很快被王儲與占碑親王女兒的婚變破壞了，兩國發生長達 13 年的戰爭。1673 年，占碑襲擊了柔佛的屬地望加麗，繼而洗劫了柔佛首都巴都□沙哇，俘虜 2,500 人，年邁的蘇丹逃到彭亨。繼位的蘇丹易卜拉欣在廖內定居下來，並向布吉斯首領丹□曼吉卡求援。1679 年，易卜拉欣在布吉斯人的幫助下滅亡了占碑。1681 年，易卜拉欣回到柔佛，重新遷都柔佛拉姆，1683 年病逝。幼子瑪末二世（1685-1699 年）嗣位，由他的母親和宰相帕杜卡·羅闍攝政。1688 年，帕杜卡被趕下臺，新首相把年輕的蘇丹從廖內接到大陸的哥打丁宜。

荷蘭人則利用柔佛的困境從中獲利。1689 年，它與柔佛訂立一項不平等條約，獲得了在柔佛的免稅貿易權和對碩坡新發現錫礦的專利權。條約還規定，禁止印度教徒和摩爾人在柔佛境內定居，對他們的貨物課征重稅，直到小蘇丹成年

為止。瑪末二世及長成年，登基執政，暴虐無道。幾年之後，就在 1699 年被一個小酋長刺殺身亡。

瑪末二世之死，同時也是馬六甲王系在柔佛統治的終結。宰相盤陀羅訶羅悉利‧摩訶羅闍‧阿卜杜勒‧賈利（1699-1718 年）繼承王位，但是新王朝的統治並不穩固。國內封建割據嚴重，政權主要掌握在阿卜杜勒□賈利的弟弟羅闍‧穆達手中，他為政專橫暴戾，國民怨聲載道。1718 年，碩坡的米南加保統治者羅闍□格基攻佔柔佛首都，篡奪王位，號稱阿卜杜勒‧賈利勒‧拉赫馬特‧沙。

布吉斯人是 18 世紀馬來半島政治舞台上新崛起的一支重要力量。布吉斯人原住蘇拉威西島，是一群慓悍的航海者、海盜和商人。1667 年後，當荷蘭人佔領望加錫時，他們被迫大批遷往其他地區。到 17 世紀末，他們在馬來半島的巴生和雪蘭莪河口地區建立了居住地，18 世紀初開始，布吉斯的封建主見柔佛王國日益衰弱，便積極參與爭奪柔佛王位的繼承競爭。

1718 年，羅闍□格基奪取政權，統治柔佛 4 年。失位的蘇丹逃亡並與布吉斯人領袖丹□普拉尼密謀起事，奪回政權。1722 年，丹‧普拉尼把羅闍‧格基趕下寶座，將阿卜杜勒‧賈利的兒子扶上王位，同時把自己的兄長丹‧馬雷瓦立為柔佛的副王，蘇丹成為布吉斯人的傀儡。

布吉斯人控制柔佛後，以廖內為中心，向婆羅洲、廖內群島和馬來半島擴張。不久，馬來半島兩個產錫的土邦吉打和霹靂亦受控制。1742 年，一個布吉斯人又成了雪蘭莪的統治者。

荷蘭殖民者對布吉斯人勢力的發展深感不安，他們利用受布吉斯人排斥的馬來封建統治者的不滿情緒來反對布吉斯人。1755 年，荷蘭和柔佛蘇丹蘇萊曼締約，蘇丹給予荷蘭人在柔佛境內進行免稅貿易和錫壟斷的貿易特權，並允諾禁止

其他歐洲人士在柔佛貿易，荷蘭人則答應趕走布吉斯人。

於是荷蘭人和布吉斯人開戰。1756 年，布吉斯人襲擊馬六甲；荷蘭與丁加奴的軍隊則對布吉斯人在林吉據點發動進攻，經過幾年的戰爭，布吉斯人戰敗。1758 年，三名布吉斯首領被迫簽定條約，確認柔佛蘇丹給予荷蘭人的特權，並同意削去布吉斯人丹□金博亞的柔佛副王職位。

1759 年，布吉斯人羅闍‧哈吉在廖內發動政變，脅迫蘇丹蘇萊曼迎回他叔父丹‧金博亞，恢復副王職位。1760 年，蘇萊曼去世，丹‧金博亞成爲新蘇丹瑪末（1761-1812）的保護人。瑪末是蘇萊曼的孫子，在蘇萊曼去世那天誕生。布吉斯人又控制了柔佛政權。1777 年，丹‧金博亞死，羅闍‧哈吉繼位副王。

1783 年，荷蘭艦隊進攻廖內，遭受慘敗，損失了許多船艦，死亡 600 餘人。翌年初，羅闍‧哈吉傾全力圍攻馬六甲。困於「第四次對英戰爭」（1780-1784 年），荷蘭人無法集中足夠強大的兵力與布吉斯人作戰，而只能死命堅守孤城，等待時機。羅闍‧哈吉佔據優勢，但也無力打下馬六甲。1784 年 6 月，范‧布拉姆率領一支荷蘭強大艦隊馳援馬六甲，突襲圍城軍隊，羅闍□哈吉戰死。荷人乘勝攻擊，8 月佔領雪蘭莪，10 把布吉斯人逐出廖內。11 月 1 日，瑪末和馬來封建主被迫訂立投降條約，柔佛蘇丹承認爲荷蘭東印度公司的藩屬：拆毀廖內的堡壘，並接受荷蘭進駐軍隊和派遣駐紮官。1786 年，雪蘭莪也被迫簽訂不平等條約，給予荷蘭東印度公司壟斷錫礦貿易的特權。1787 年 2 月，荷蘭又通過訂立新條約，使瑪末蘇丹完全在其控制之下，廖內的所有重要事務必須由荷蘭駐紮官決定。

1787 年 5 月，瑪末蘇丹向婆羅洲的伊拉農人求援，幫助驅逐荷蘭人。荷蘭人被趕走了，但是伊拉農人卻取而代之，蘇丹和馬來酋長們只得亡命異地。瑪末

逃到林加，與荷蘭人講和不逐，轉而向檳榔嶼的英國人求援又沒有結果，於是在1790 年與丁加奴、吉打、林茂、碩坡、梭洛克、林加、英得臘其利和錫安坦結成同盟，試圖把英國人和荷蘭人通通驅逐出馬來海面。但是，在對檳榔嶼和天定（在霹靂）的荷蘭要塞襲擊失敗後，同盟即告瓦解。荷蘭人打敗了伊拉農人，重新佔據了廖內。

第三節　英國殖民統治時期（1824-1942）

一、檳榔嶼、新加坡及馬六甲

當葡萄牙、西班牙、荷蘭在東南亞建立殖民統治之際，英國殖民主義者便試圖在東南亞尋求立足點，以控制通往東方的商道。因此，英國的一支探險艦隊在1592 年駛抵賓坦島，並於 1598 年派遣一支探險艦隊訪問了吉打。1600 年，英國女王伊莉莎白為了大規模地發展東方貿易，實行殖民擴張，特許英商組建英國東印度公司。17 世紀初，公司已在萬丹、北大年等地建立起商業據點。

英國在 17 世紀 40 年代的資產階級革命，促進了社會生產力的發展；18 世紀 30 年代工業革命，英國迅速發展為西歐第一的工業強國。1756-1763 年「七年戰爭」的結果，英國確立了在印度的統治，並成為海上霸主。為了打開東南亞貿易市場、獲得新的殖民地和中印航線中途站，並為了在荷蘭勢力範圍內建立一個基地，以打擊荷蘭的領土擴張和貿易壟斷，英國便積極在東南亞開拓殖民地。

事實上，早在 16 世紀末，英國人為了在馬六甲海峽沿岸尋找和建立貿易基

地，就曾與葡萄牙發生過多次的衝突，後來被迫轉到印度和印尼等地。爲了開闢商品市場，控制對華貿易通道，並在英法戰爭中建立海軍基地，18 世紀後期英國殖民者再次來到馬六甲海峽。

英國東印度公司於 1758 年委派萊特到吉打，和吉打蘇丹談判，在吉打海岸建立港口。萊特口頭上答應每年向吉打支付 3 萬元西班牙幣和提供軍事援助，騙取吉打蘇丹同意割讓其管轄的檳榔嶼，並將它改名爲威爾斯王子島，萊特本人爲第一任總督。由此英國奪得佔領馬來半島的第一個橋頭堡。

由於英國東印度公司沒有履行協約，吉打蘇丹 1790 年曾試圖用武力收回檳榔嶼，但被英軍擊敗。英國人乘機逼迫蘇丹簽訂一項不平等條約，規定英國每年只向吉打蘇丹支付 6,000 元西班牙幣，作爲佔領檳榔嶼的費用，給予吉打軍事援助的許諾則被取消。1800 年，英國人再逼迫吉打蘇丹簽訂第二個不平等條約，以每年支付 4000 元西班牙幣的些微代價，強行奪得吉打海岸的一片土地，取名爲威斯利省。

檳榔嶼原隸屬孟加拉總督，1805 年升格爲與孟加拉、馬德拉斯和孟買同級的行政區，隸屬印度大總督。由於實行不徵進口稅的自由貿易政策以及住民可擁有開墾土地的政策；幾年間，這個幾乎無人居住的島嶼，人口便增到萬人以上，貿易和農業也有了很大的發展。

英國雖然佔領了檳榔嶼，但仍不能有效地保護馬六甲海峽航線。爲了突破荷蘭的封鎖，控制中、印海上貿易的航道，英國東印度公司決定在可以控制馬六甲海峽的南部入口處的地方，建立一個停泊站，並使它成爲一個自由港。這一任務落到了史丹福□萊佛士的肩上。

原檳榔嶼總督手下的職員、當時英國東印度公司駐印尼明古達的總督萊佛

士，1819 年登上柔佛王國管轄下的一座沒有開發的荒島，即現在的新加坡。這時的新加坡是一個荒涼的小島，僅有 150 人左右。1812 年，柔佛蘇丹瑪末逝世時，布吉斯人趁合法的王位繼承人東姑朗在彭亨與盤陀訶羅的女兒結婚之際，便擁立他的弟弟阿卜杜勒□拉曼為蘇丹，時權便落到了布吉斯人首領拉甲木達手中。當東姑朗的保護人天猛公為他奪回王位的努力失敗之後，與一批隨從於移居新加坡。1819 年 1 月 30 日，萊佛士與柔佛天猛公簽約，英方以每年支付天猛公3,000 元西班牙幣作為在新加坡建立商站的條件。1819 年 2 月 6 日，萊佛士與柔佛、彭亨及廖島最後一個蘇丹的兒子東姑朗簽約，東姑朗確認前協定，並同意英國東印度公司占有新加坡，英方則同意每年支付東姑朗 5,000 元西班牙幣，並承認他是柔佛蘇丹。至此，新加坡成為英國的殖民地。

英國殖民者在佔領檳榔嶼和新加坡之後，大力招攬華僑和印度僑民前來開拓，利用華僑種植香料、煙草和甘蔗等經濟作物，並實施自由貿易政策。新加坡優越的地理位置和殖民者實施的自由貿易政策，使開埠後的新加坡迅速發展並日趨繁榮。1819 年只有 150 多人的新加坡，到 1824 年已超過萬人，1860 年則達 8萬多人。原本並無貿易活動的新加坡，1820 年的貿易額已超過馬六甲，1825 年期貿易額為 261 萬餘鎊，超過馬六甲和檳榔嶼，後者分別為 30 萬餘鎊和 100 萬餘鎊。到 1864 年，新加坡的貿易額已達 1,325 萬餘鎊。新加坡成為英國向東方進行掠奪的重要基地。

英國佔領新加坡之後，保證了它在東南亞海域的優勢，有利於它將荷蘭人隔離出馬來半島。英法戰爭期間，荷蘭作為英國的盟國也受到法國的進攻，為防止法軍占領殖民地，荷蘭國王要求各海外殖民地將行政權移交英國。據此，英國於1795-1818 年曾占領馬六甲。1824 年英荷簽訂倫敦協定，重新劃分勢力範圍，荷蘭把馬六甲讓給英國，同意不在馬來半島建立殖民地，英國則把蘇門達臘等地劃

歸荷蘭。從此，英國正式占領馬六甲。倫敦條約將馬來亞劃入英國的勢力範圍，自此，英國就無須顧忌其他西方強國，可傾全力在馬來亞建立它的殖民統治。

二、海峽殖民地的設置

英國東印度公司為了便於治理和開發檳榔嶼、新加坡及馬六甲，於 1826 年將這三地合併為一個省區，總稱之為「海峽殖民地」，華僑稱之為「三州府」，省府設在檳榔嶼。

海峽殖民地建立時，列為印度的第四省。1830 年，為縮減浩繁行政費開支，精簡機構，海峽殖民地改為駐紮官轄區，隸屬孟加拉省。1851 年，海峽殖民地改由印度總督直接統治，不受孟加拉省管轄。1858 年，東印度公司解散，英國政府接管所有殖民地，海峽殖民地仍屬印度總督管轄。

在 19 世紀上半葉時，對英國殖民者而言，海峽殖民地能夠保證它控制通往東南亞和中國的航道。隨著英國在東南亞和遠東的進一步擴張，新加坡成了英國在這一地區的戰略和貿易基地。英國殖民者採取自由貿易和鼓勵移民的政策，促進了海峽殖民地的迅速發展。從 1826 至 1864 年間，海峽殖民地的貿易總額增加三倍多，超過 18,500,000 鎊。新加坡的貿易發展特別快，到 1864 年，它的貿易額占整個海峽殖民地貿易總額的 70%。

英國殖民者需要廉價勞動力來開發海峽殖民地，採取鼓勵移民的政策。由於大量的移民(主要是華人和印度人)湧入，海峽殖民地人口激增，1830 年為 126,710 人，到 1860 年增加到 272,831 人，其中華僑人數增長特別快。例如在新坡，1830 年華僑人數占該地居民 36%，到了 1860 年則超過 63%。在海峽殖民地，華僑人數從占居民的 16%增加到 36%。印僑的人數始終占比重為 10-11%，但在這些年

間，他們在海峽殖民地的人數幾乎增加了一倍。

由於海峽殖民地的經濟發展，當地資產階級的力量加強，他們對英國東印度公司不顧新加坡的政策不滿，尤其不滿 1835 年公司通過的貨幣法案，該法案宣佈以印度盧比爲貨幣標準。新加坡和檳榔嶼的資產階級堅決要求脫離印度的管治，在新加坡的歐洲商人也希望在新加坡的「事務中有更大的發言權」，從 1855 年起，在他們之中也興起了一個爭取殖民地脫離印度的強大運動。1867 年，4 月 1 日，海峽殖民地正式脫離印度，由英國殖民部管轄，成爲皇家殖民地。

海峽殖民地的最高行政長官是總督，他同時也是總司令。總督之下有行政會議，爲諮詢機構。1867 年建立一立法機構，該會議成員大多是官方人員，其主要職責是保證通過符合英國殖民者利益的法案。

三、馬來聯邦與馬來屬邦的建構

海峽殖民地的建立，奠定了英國在遠東的霸權。至此，英國政府的霸權只爲貿易服務，對馬來半島內地各邦採取不干涉政策。其後，隨著西方資本主義工業迅速發展，對原料和市場需求日益增大，半島豐富的礦產資源引起英國資本家的濃厚興趣，加之歐洲列強紛向遠東擴張，法、德、俄等國都企圖乘虛而入，因此在 1870 年以後，英國對內地各邦轉而採取了積極干預的政策。

1873 年，英國政府採取公然干涉馬來亞土邦事務的政策。同年 11 月，安德魯□克拉克上將出任海峽殖民地總督（1873-1875 年），英國殖民部在給他的訓令中指示「英國要在馬來土邦確立『和平與秩序』和在那裡任命駐紮官。」首當其衝的是霹靂、雪蘭莪和森美蘭，這些土邦是產錫區、又鄰近海峽殖民地而且當時這些土邦的動盪局勢也有利於英國殖民者的擴張。

50 年代，在霹靂王宮之間相互慘殺、封建集團之間不斷發生內鬨。1871 年，蘇丹阿里去世，王儲阿布都拉（羅闍·穆達阿卜杜拉）拒絕參加喪禮，地方酋長擁立盤陀訶羅伊斯梅爾爲蘇丹，阿勒都拉不服，於 1872 年自立爲王。英國殖民者予以支持，局勢從而更爲複雜了。加之又發生了兩家錫礦公司械鬥事件。1874 年 1 月 20 日，克拉克以調解爲名，在霹靂河口上的邦喀島召開各方領袖聯席會議（霹靂沒有參加），並簽訂了邦喀條約。根據條約，阿布都拉被確立爲蘇丹，蘇丹同意接受英國派遣一位駐紮官作爲他的顧問，除涉及宗教和習俗的問題外，都必須徵求並遵從駐紮官的意見，駐紮官成了實際的統治者，伯奇被委任爲第一任駐紮官。

　　1874 年 2 月和 4 月，克拉克以武力威脅，先後迫使雪蘭莪和米南加保人的一個土邦雙溪·烏戎接納一名英國駐紮官。英國殖民者繼續對米蘭加保各邦施加壓力，結果 1895 年 8 月締結了一項條約，9 個土邦被迫同意組成在英國保護下的森美蘭聯盟：並同意除伊斯蘭教的事務外，所有行政事務都依從英國駐紮官的意見。

　　英國的駐紮官統治遭到了馬來人民的激烈反抗。1875 年，霹靂爆發起義，殺死橫行霸道的英國首任霹靂駐紮官伯奇，這次起義直到英國從香港和印度調來大批援兵才被鎮壓下去。雪蘭莪的人民群眾在伊斯蘭教反對異教徒的「聖戰」口號下，接連掀起了反殖民統治起義，1891 至 1895 年，彭亨的一些部落多次發動反英武裝暴動，但遭到殘酷鎮壓。

　　英國殖民者在鎮壓各邦的反抗運動之後，爲了更有效的統治，於 1895 年 7 月強迫霹靂、雪蘭莪、森美蘭和彭亨的蘇丹締結條約，組建「馬來聯邦」。1896 年 7 月，條約生效。聯邦首府設在吉隆坡，下轄機構有：

第一、最高長官—總駐紮官一人，由海峽殖民地總督兼任。

第二、執行長官—總參政司，負責聯邦的實際政務，後因實施地方分權制，於
　　　1936 年改總參政司爲聯邦輔政司，聯邦事務一切稟承總督意旨辦理，總
　　　督是聯邦太上皇。

第三、聯邦議會—1909 年設立，爲聯邦立法機構。議會主席由總督兼任，成員
　　　包括四個邦的蘇丹、總參政司、四邦的參政司（駐紮官）以及不定名額的
　　　官方或非官方議員。聯邦議會確定各邦的預算和通過法律。隨著聯邦議會
　　　的建立，蘇丹的權利進一步削弱。他們雖然參加聯邦議會，但對議會的活
　　　動和決議不能發生任何影響，在聯邦發號施令的是總駐紮官，一切法令的
　　　通過必須經由其簽署才能生效。

　　　聯邦的建立是爲了鞏固英國殖民的統治，但它在一定程度上加速了馬來半島
國家統一的過程，它爲後來作爲一個全民族的共同體反對英國殖民統治創造了前
提，這是殖民主義者所始料不及的，有違其初衷。

　　　馬來屬邦有丁加奴、吉打、玻璃市、吉蘭丹和柔佛共五個土邦，華僑稱之爲
「五州府」。首先落入英國殖民統治桎梏的是位於馬來半島北部的丁加奴、吉打、
玻璃市和吉蘭丹四邦，它們本來都在不同程度上從屬於暹羅。1909 年，英國利
用暹羅的衰落，迫其簽訂《曼谷條約》，英國以放棄在暹羅領事裁判權爲條件，
從暹羅手中奪得四邦的宗主權，強行向四邦派駐英國顧問，迫使它們接受英國「保
護」。

　　　柔佛蘇丹早再 1885 年就被迫與英國簽訂不平等條約，規定雙方承擔共同防
禦，柔佛的對外事務受英國控制，蘇丹保證不干涉其他馬來國家的事務，不把土
地租讓給非英國的外國人，他還接受一個英國代表進駐柔佛。但是英國殖民當局

並不以此爲滿足，1914 年，英國迫使蘇丹訂立新約，蘇丹接受英國派駐顧問，受英國「保護」。

英國派駐五邦的顧問，具有與馬來聯邦的駐紮官相同權力，這些邦的蘇丹除了馬來人的宗教和習俗可以有權處置之外，所有政務都要徵求並遵循顧問的意見。因此，它們也和馬來聯邦一樣是英國的殖民附屬國，其與聯邦國家不同，只是形式上的不同，它們設有一個中央機構，在表面上英國顧問不能直接簽署法令，而仍須由屬邦元首親自簽發。

馬來屬邦與馬來聯邦沒有本質區別，它們與海峽殖民地一樣，是英國的殖民地，故人們把它們合稱爲英屬馬來亞。

四、北婆羅洲地區的統治

英國在把馬來半島地區（西馬）納入自己殖民統治的同時，也將侵略魔爪伸入沙巴和砂勞越地區。

沙巴、砂勞越位於中國南海的東邊，婆羅洲的西北和北部，沙巴又稱北婆羅洲，它們原來都是汶萊蘇丹國的屬地。

汶萊是東南亞古國之一，早在公元 6 世紀，中國史書就提到婆羅洲北部的婆利國遣使訪問中國，進行朝貢貿易。許多學者認爲婆利是汶萊的對音。此後在中國的史籍中，又有渤泥、勃泥、婆羅等譯名。15 世紀中業，隨著伊斯蘭教的傳播，國王亞·柏·大達皈依伊斯蘭教，改名穆罕默德，成爲汶萊第一位蘇丹，汶萊因此成爲伊斯蘭教的蘇丹王國。

16 世紀初，汶萊國勢大盛，其疆域包括砂勞越、沙巴全部，並向全島擴張。

西方殖民勢力的入侵，打斷了汶萊發展的氣勢。在葡萄牙、西班牙、荷蘭和英國等西方列強一系列的侵略打擊下，汶萊國勢迅速衰落。

1839 年，英國殖民者詹姆斯口布洛克旅抵砂勞越古晉，其時當地達雅克人和馬來人起義正處高潮，它們提出脫離汶萊統治的口號並組織了自己的政權。汶萊蘇丹派其叔父邦格蘭口穆達口哈西姆領兵前往鎮壓，起義軍聲勢浩大，哈西姆鎮壓失利，布洛克趁機活動，表示願意幫助鎮壓起意，贏得哈西姆的信任。

1840 年 8 月，布洛克殘酷地鎮壓了起義，次年當上了砂勞越的「羅闍」。1842年，汶萊蘇丹被迫簽訂條約，承認布洛克的羅闍地位，並把砂勞越劃歸他統治。

英國的侵略和蘇丹喪權辱國，激起汶萊各階層人民的強烈不滿。一些馬來貴族組織了大規模的「海盜活動」對殖民侵略進行反擊。他們「企圖殺害布洛克、綁架海軍司令科克倫」。但是由於力量強弱懸殊，英軍全力鎮壓，反抗運動終於在 1846 年被布洛克鎮壓弭平。同年，英國殖民者強佔拉布安島（即納閩島）。布洛克迫使蘇丹訂立不平等條約，規定給予英國商業貿易最惠國待遇；非經英國同意，蘇丹不得讓與土地給其他國家。布洛克因此被授予爵位，並被任為拉布安島總督兼任「向婆羅洲蘇丹和獨立領袖們派出的專員和總領事」。

1868 年，布洛克死，他的侄兒查理士·約翰遜·布洛克繼承了他的統治權，不斷地用各種藉口和武力威脅以擴張領土，直到現今砂勞越的領土面積。在砂勞越淪為英國殖民地的同時，汶萊的另一屬地沙巴同樣也難逃厄運。

17 世紀 60 年代，汶萊蘇丹木阿丁曾因請求蘇祿蘇丹幫助鎮壓叛亂，而於 1674年把從金馬尼士河至北海岸一帶的領土作為贈品割讓給蘇祿蘇丹。18 世紀中葉，西班牙侵犯蘇祿，把蘇祿蘇丹俘虜並囚禁於馬尼拉。1762 年，英國佔領馬尼拉，以割讓這一大片領土為條件，釋放蘇祿蘇丹。英國攫奪了這塊土地，又要求在沙

巴建立商站。

1877 年，英人鄙特兄弟獲得了美國人多列在北婆羅洲西海岸的一塊土地。次年，又接管了英人柯威在東北海岸的一片土地。不久，鄙特兄弟以鄙特貿易公司的名義，在山打根建立根據地，霸佔了這些地區。

1881 年，鄙特公司獲英王特許，成立「英國北婆羅洲貿易公司」，大肆擴張領土，並建立行政管理。

1885 年，汶萊蘇丹駕崩，王國危機重重，風雨飄搖，於是英國殖民當局採取行動，結束汶萊的混亂狀態，把汶萊納入英國殖民統治。1888 年 9 月，英國與汶萊、沙巴、砂勞越簽訂保護國協約，便把東馬的沙巴、砂勞越和汶萊蘇丹國一起成為英國的殖民地。

英國殖民政府將馬來亞分成三個行政區域進行統治。

第一、海峽殖民地

屬皇家殖民地，由英國殖民大臣指定的總督在行政、司法兩委員會的協助下進行統治。行政會議包括財政司、律政司等高級官員，以及數名非官方成員。立法會議除高級官員外，還包括 13 名非官員議員，其中 2 名由商會選出。新加坡、檳榔嶼和馬六甲三地在分別設輔政司，在市政委員會協助下進行統治。

第二、馬來聯邦

是英國政府的保護國，馬來聯邦設駐紮官（後稱聯邦輔政官），向海峽殖民地總督負責。開始，英國人在馬來聯邦各邦設立州務會議，討論宗教和馬來人風俗等問題，蘇丹權力受到削弱。後來，為了緩和與蘇丹的衝突，

1909 年，英國又設聯邦會議，蘇丹和英國駐紮官以及商人代表同坐一起，討論財政立法等事宜，但蘇丹並沒有決定權和否決權。1927 年聯邦會議改組，蘇丹不再參加，改由官方議員 13 人，非官方議員 11 人組成。由於馬來蘇丹的抗議和反對，賽西爾・金文泰任海峽殖民地總督（1929-1934年）時，下放部分財政和立法權力給以蘇丹爲主席的州務會議，各州蘇丹的權力和地位才有所回升。

第三、馬來屬邦

是英國政府的保護國，屬海峽殖民地總督管轄。馬來屬邦的施政也要聽從英國駐紮官的意見，但蘇丹的自治權較大。屬邦沒設有統一的立法會議，只在各邦設立以蘇丹爲首的州務會議。

雖然英國政府在馬來亞設立了各種形式、不同級別的立法會議，但殖民總督和各級駐紮官對殖民地和保護國的重大問題，始終擁有絕對的決定權。英國的分區統治制度使馬來亞長期處於分裂狀態。

五、英屬統治下的經濟狀況

在英國資本的控制下，馬來亞在兩次大戰期間的經濟發展的特點是：經濟結構畸形，迅速轉入世界市場，成爲世界兩大商品—橡膠和錫的主要供應者；此一發展過程，也是馬來亞變成帝國主義經濟原料附庸的過程。

從遠古時期，馬來亞各邦就出產錫，但直到 19 世紀中葉爲止，錫的銷售量都不大。只是 1810 年發明製作罐頭的方法之後，以及 19 世紀 60 年代，罐頭工業蓬勃發展，錫的用途才大大的擴大。世界對錫的需求量大增，英國殖民者見錫

在世界市場暢銷，有厚利可圖，便大力開採馬來亞的錫礦。20 世紀初，馬來亞錫的產量已經很大。1904 年，錫產量達 52,000 噸，占世界錫產量 56%。在兩次世界大戰期間，由於泰國、印度尼西亞等國家錫礦業的發展，馬來亞在世界錫產量中所占的比重大大下降，1929 年下降到 36%，到 1938 年僅占 26%。但馬來亞的錫產量一直保持穩定狀態，年產量約 5 萬噸。馬來亞錫礦業為英國殖民者壟斷，他們不僅控制了 70%以上的錫礦開採，而且完全控制了錫礦的冶煉。

在馬來亞的種植業中，橡膠生產占首位。馬來亞種植橡膠樹的歷史悠久，但直到 19 世紀前，規模都不大；在世界汽車工業發展之後，對橡膠的需求量大增，才促進了橡膠生產的發展。兩次大戰期間，馬來亞的橡膠種植業飛速發展起來。1905 年，馬來亞的橡膠種植面積為 4 萬英畝，1920 年擴大到 247.5 萬英畝，產膠 19.6 萬噸，占世界產量 53%，到 1938 年，產量增加到 36.1 萬噸。

在馬來亞的出口經濟作物中，佔有重要地位了還有椰子和菠蘿。他們的種植面積和產量都有大幅度的增長。到第二次大戰前夕，椰樹的種植面積達 24 萬公頃，其中三分之二由農民經營。馬來亞的菠蘿在 1929 年種植面積 3,000 公頃，到 1937 年擴大到 2 萬公頃。英國所消費的菠蘿罐頭，90%是由馬來亞出產的菠蘿製造的。

英國在馬來亞的經濟政策，是將馬來亞變成為它的原料附庸，使馬來亞的經濟發展完全從屬於它的利益，造成了馬來亞經濟的畸形發展，使馬來亞居民主糧—大米的生產受到排擠而遠遠不能自給。兩次大戰期間，稻穀種植面積沒有多大增加，1930 年種植稻穀的面積是 28.3 萬公頃，到 1940 年僅達到 29.7 萬公頃。

在馬來亞的經濟中，英國資本佔有決定性地位，它壟斷了馬來亞的橡膠種植業和橡膠製品工業，同時也控制了錫礦業和公用事業。1930 年，在馬來亞的外

資共 11,650 萬英鎊,其中英國資本占 70%。

　　但是日本和美國的資本也滲入馬來亞,對英國壟斷集團的利益造成了威脅。日本資本向馬來亞鐵礦工業滲透規模甚大,有 5 個最大的礦山屬於日本壟斷集團,在馬來亞開採的全部鐵礦石都被運送到日本九州島八幡冶金工廠,到 1938 年,輸入日本的的鐵礦石,幾乎相當於日本輸入總量的 50%。

　　日本的商品同時向馬來亞大量傾銷,尤其是棉織品,直接損害了英國殖民者的利益。例如輸入馬來亞的棉織品總值中,日本商品總值由 1939 年的 10%,升到 1933 年的 55%;而英國同期由 46%降到 30%。同一時期內,在個別種類的棉織品上,日本由 48%上升到 85%,英國則由 43%下降到 8%。

　　美國資本滲入馬來亞,對英國殖民者來說,也是極為嚴重的威脅。自本世紀 20 年代起,美國資本已開始向馬來亞滲透,而且集中目標於奪取橡膠的生產,美國在馬來亞橡膠種植園中的投資,1924 年為 1,000 萬美元;1929 年為 1,250 萬美元,之後,美國資本繼續增加。

　　面對美、日資本的滲透,英國利用它在馬來亞的殖民政權,採取高關稅制和限制進出口的手段來對付美、日的競爭。30 年代初,在馬來亞實行最惠國待遇制度,規定輸往馬來亞市場的非英國商品,一律實行高額的進口關稅,這樣就保證了英國商品在馬來亞有廣闊的傾銷市場。1940 年,馬來亞當局藉口節省外匯來購買軍用物資,制定了關於限制與非英鎊國家進行貿易的種種措施,其中包括把一切外匯業務轉交給六家最大的英國銀行專門經營,這些銀行利用它們獲得的權利,很容易地壓倒了其他的競爭者。英國通過銀行業務活動,進而控制了馬來亞的外匯、航運、錫和橡膠生產:並壟斷了土地、交通、海關等。如此一來,保證了英國資本在馬來亞的統治地位。

馬來西亞的經濟完全依賴橡膠和錫的出口。1920 年僅從這兩項產品的出口所獲收入，就占總收入的 60%；1925 年增加到 72.3%；1937 年竟達 75.6%。這樣，世界市場錫和橡膠的價格一有波動，就會影響到馬來亞的經濟：世界經濟危機爆發，馬來亞勢必受到衝擊。1920-1921 年的世界經濟危機，使馬來亞的兩項支柱橡膠和錫的產量銳減。1913 年馬來亞出口的錫達 5 萬噸，到 1923 年下降到 37,000 噸。危機時期世界市場對橡膠和錫的需求縮減，直接影響到馬來亞勞動者的生活，英國殖民者以犧牲馬來亞人民的利益來彌補他們在危機中的損失，解雇大批工人、削減工資、增加工作量，甚至減少大米的進口。

危機結束後，橡膠和錫的生產恢復元氣，工人需求量又大增。1924-1928 年，可以說是經濟發展最平穩的時期，僑工又紛紛前往馬來西亞謀生。

但是，接踵而來的 1929-1933 年世界經濟大恐慌造成馬來亞更加沉重的打擊。危機時期，錫和橡膠的價格暴跌，1926 年錫礦石一噸值 284 英鎊，1931 年只值 120 英鎊。在危機期間，橡膠從每磅 12 先令 6 便士，下降到每磅 3 便士。英國殖民者試圖藉由擴大剝削來補償損失、裁減工人、降低工資，以致失業工人數急遽增加；有工作的人，工資也大為減少，結果是馬來亞的工人生活水平大降，甚至無法維持最低的生活水平。

經濟危機使馬來亞的農業狀況大變，農村裡無地少地的農民大增，農民生產的生膠和椰干大降價，大多數喪失土地的農民，變成了分成制的佃農，去為那些商人、高利貸者及富農耕種那些原屬於自己的土地。部分農民為了謀生，甚至離鄉背井流入城市或種植園。

英國壟斷資本利用殖民機構制定了各種對自己有利的限制，加緊排擠華僑資本。1933 年，在馬來邦聯和馬來屬邦頒布了《儲備土地法》，規定英國在馬來各

邦的駐紮官可以宣布任何荒地為「儲備的土地」，以後不能由「非馬來亞」籍的人租賃和使用，這樣就切斷了華人和印度人投資的管道，有利於英國壟斷集團。例如：華資的礦井，1925 年的產錫量佔全部錫開採量的 56%，1935 年僅剩 34%，許多地方華資輕工業也迅速倒閉。

經濟危機之後，馬來亞經濟一直到第二次世界大戰爆發前都尚沒擺脫經濟蕭條的陰影。

馬來半島居民本來以馬來人為主體，沿海港口也有一些異邦過往客商滯居於此。19 世紀以來，隨著馬來亞外貿業、錫礦業和橡膠業的迅速發展，以及對大批勞工的迫切需求，外來移民迅速增加，馬來亞逐步發展為馬來人、華人和印度人三大民族為主的多元種族地區。

移入馬來亞的華人不斷增長，1911-1920 年，達 150 萬人；1920-1930 年，增加到 250 萬人。馬來亞的華僑從 1921-1941 年，由 1,174,000（占總人口的 35%）增加到 2,379,000（占總人口的 43%）人。華僑的增長，主要是由於移居的差數擴大—遷入馬來亞的華人超過遷離馬來亞回中國的人數。據統計，1938 年馬來亞總人口為 5,238,959 人，其中馬來人為 2,193,155 人，華人為 2,195,656 人，印度人為 748,604 人。經濟危機時期，1929-1933 年、1937-1938 年，橡膠和錫降價導致大量華僑離境，但是一個固定的華人階層在逐漸增加。1921 年，在馬來亞出生的華人占 20%；1931 年，增加到 31%。1929 年經濟大恐慌爆發，英國殖民當局還沒有對華僑加以限制，1930 年開始限制，而從 1938 年 4 月起，華僑入境基本上已被完全禁止。

馬來亞橡膠生產的發展，對勞動力需求急遽增加，也導致印度僑民增加，1921年，印籍僑人 471,000 人；1941 年達 744,000 人。在馬來亞出生的印度人和錫蘭

人增多，印僑大部分是種植園的工人。

馬來人主要是農民，受到半封建和高利貸的層層剝削，他們其中大部分是分成制佃農。資本主義生產關係在農村很不發達，雖然農業生產結構在逐漸轉變，農民除了從事傳統的稻穀種植外，也開始栽培橡膠樹。儘管農村階級分化加劇，農民經濟也在走向商品化，資本主義生產在萌芽階段，但是，自然經濟沒有受到根本性的改變，馬來亞農村依舊保持著傳統的風貌。

如此一來，第二次世界大戰前夕，馬來亞的階級結構是：占人口42%的馬來人，主要是農民，僅僅在30年代末期，才出現了馬來亞的無產階級—零工、種植園工人和礦工，他們依然生活在農村，而且始終沒有脫離農村。馬來亞資產階級正在形成當中。另外，部分的馬來人成為土邦裡的貴族菁英份子，從中產生了一批官僚，在英國殖民機構中充當低階或中階官吏；華僑組成了城市居民的多數，大都住在海峽殖民地，或馬來亞的西部沿海地區。他們大多數是城市的工人；還有的經商，主要是小販，但也有中產和大資產階級，還有一個相當大的華僑知識份子階級；印僑主要是橡膠種植園工人，也有的在城市經濟部門、運輸部門、以及通訊企業和在公共衛生部門工作的，印度人中也有中小資本家，但為數不多，大資本家則更少。

英國政府對各民族採取分而治之的統治手法。對於馬來人，除了英國政府設立的各級立法會議和派駐的駐紮官外，英國政府允許蘇丹保持自己的宮廷結構並直接統治轄區內的人民。對於華人，海峽殖民地建立之初設有甲必丹制度，由華僑領袖任甲必丹管理華僑事務。後來正式成立華民護衛司署，專司華人事務，但以英國官員為主，有時也聘一兩個華僑。對印度人的管理，則主要通過其移民勞工機構。

爲了獲得馬來蘇丹的支持和配合，鞏固殖民統治，英國政府有意推行馬來人優先政策。殖民政府與馬來蘇丹簽訂協議，承認馬來人是當地的主人，承認和維持馬來人在政治、經濟和文化等各方面的特權。爲此，它在政治上除了保留蘇丹封建統治的宮廷結構外，還主要由馬來人擔任政府各級公務員；經濟上規定非馬來人不得占有馬來人保留地；在文化教育上則撥款建立了不少馬來學校。殖民政府還通過各種輿論工具宣傳馬來人優先的觀念，致使廣大的馬來人、尤其是其上層人物和知識份子，一直認爲自己是馬來亞的當然主人，理應享有更多特權，並把本族經濟落後歸咎於其他民族。

六、民族主義的高漲

　　英國殖民當局爲了因應新的形勢發展，試圖對馬來亞殖民統治進行變革；其主要任務是計畫對 1896 年組成的聯邦進行部份調整，實施地方分權制度，改革的整個過程漫長而曲折。1920 年，聯邦會議開始吸收土著馬來人參加；1921 年，殖民地總督正式宣布，英國政府不打算將其餘的馬來土邦組成聯邦；1925 年，總督提議取消聯邦首腦機構，實現各邦地方分權；1927 年，又宣佈各邦改革一律廢止，一切恢復往日秩序；1929 年世界經濟危機引起馬來人反英抗爭的發展，特別是華僑和印僑反英情緒高漲，英國人又重提地方分權制，以加強殖民者和地方封建統治的合作。

　　1933 年，英國建立了第一個軍警組織—馬來人組成的「馬來軍團」，並在這年實施改革，把聯邦的許多職權移交給行政委員會。改革的結果，土邦除了掌握森林事業和公共衛生等部門外，沒有擴大自主權，恢復各邦的實際權利只不過是空頭支票。地方分權管理的種種措施，都是爲了一個重要的目的，就是透過聯合

的方式,把各個馬來土邦納入並置於殖民者的直接監督之下。

英屬馬來亞社會經濟和政治發展的特點,也就決定了馬來亞民族解放運動的特點。馬來亞的無產階級具有多民族成分——馬來人、華人和印度人,這三大民族又分別與不同的經濟部門緊密聯繫著。印僑和華僑的無產者,大都集中在橡膠和錫業部門,他們的工資低微,處境困難。到 30 年代中期,華僑工人是構成馬來亞工人階級的主要力量,本地的馬來工人,到 30 年代初才剛剛出現。這時,馬來亞經濟蕭條,廣大農民破產,其中一些變成了無產者,只能選擇到橡膠種植園、加工業或運輸業作工,他們人數不多,這是馬來亞工人階級的特點。另一個特點是流動性大。據 1931 年統計,華僑 31%是在馬來亞生長的,69%是流動的;印僑中有 79%是流動的。由於馬來人中的工人人數不多,對工人階級的穩定尚不起重要作用。

殖民政府的分而治之的政策,使馬來亞的三大族群極少往來,各自保留獨特的經濟領域、文化和社會生活。這種多元社會結構反映在個別政治運動的民族性,馬來亞民族解放運動在初期是按民族個別的進行:

馬來亞國內的政治生活,自 20 年代以來活躍起來。1917 年俄國十月社會主義革命,1918 年印度反帝運動,中國 20 年代的罷工,特別是 1925-1927 年中國革命運動的發展,皆對馬來亞發生影響。1926 年的印度尼西亞共產黨領黨的武裝起義失敗之後,共產黨的許多領導人,包括阿里曼、慕梭等人流亡馬來亞,他們得到當地革命者的幫助,也大大地推動了馬來亞愛國知識份子走向革命。

1904 年到 1926 年,受埃及和土耳其的影響,馬來人興起了宗教改革運動。1926 年起,馬來人開始注意馬來人經濟落後的社會問題,在海峽殖民地率先成立維護馬來人經濟地位的馬來人協會--「新加坡馬來人聯合會」,第一任會長是

阿普杜拉，聯合會以鼓勵馬來人參加社會政治生活、發展教育以及保衛馬來人的利益爲宗旨，聯合會的成員包括新聞記者、政府官員、商人和低級教士等。聯合會把主要精力集中在教育方面。1929 年，在聯合會的直接影響下，新加坡開辦了第一所馬來亞職業技術學校。但是，聯合會的政治宣傳逐漸帶有明顯反對華人的傾向，透過報紙攻擊華僑，要求給予馬來人在商業和教育方面更大的優惠。

1930 年代，在馬來亞中的民族運動存在著三個派別：

第一派是宗教改革派。早在 20 年代，檳榔嶼就成了這一派活動的中心。他們的目標是啓迪馬來居民，並強調在遵循伊斯蘭教規的原則下，生活必須現代化。1934 年，在檳榔嶼建立了「馬來亞全國協會」，其宗旨是在馬來亞人中掃盲和宣傳伊斯蘭教改革思想。1937 年，該協會會員達 1 萬人。到 30 年代末期，這個組織設在檳榔嶼的中央機構與其他地區的分會之間的矛盾和衝突越來越大。在地方分會中，激進份子的影響力很大，他們對限於啓蒙的目的不滿。

第二派是那些貴族和官僚中菁英份子的馬來民族主義組織，他們的鼻祖是「新加坡馬來人聯合會」。1935 年，建立了「雪蘭莪聯盟」，這是一個馬來人的第一個政治協會，其目的是在保護馬來菁英份子的特權。接著，其他的蘇丹也建立了類似的組織。英國殖民當局極力扶植這些組織，以便利用它們來對華人和印度人中出現的激進派。1937 年，這些組織在吉隆坡召開了第一次全馬大會，之後每年一屆直到日本人入侵爲止。

第三派是具有反英、反封建傾向的馬來知識份子，這派受到印度尼西亞 20 至 30 年代民族運動中的激進思想影響，並與印度尼西亞的激進派經常保持聯繫。1938 年，建立了「馬來亞青年聯盟」，「聯盟」抨擊殖民制度，批評蘇丹將「國家出賣給英國人」，鼓吹驅逐英國人。該組織成立之時，約有 50-60 人，主

要是學生。

1937 年後，在全馬各地出現了不少馬來人協會，都以抵制華人、印度人的影響，保護馬來人政治經濟權為目的。在印尼民族主義的影響下，曾有些激進馬來人抨擊英國在當地的殖民統治，提出馬來人與印尼人聯合建立獨立的大馬國家的主張，並於 1937 年建立激進組織「馬來亞青年聯盟」，但追隨者不多。

華人的政治運動主要受中國政治影響。1906 年同盟會在新加坡等地建立支部，已行動支持中國的辛亥革命；1912 年後，中國國民黨在馬來亞活動，主要是建立華文學校；中國共產黨原和國民黨在馬支部共同活動，1927 年建立南洋共產黨，1930 年正式建立馬來亞共產黨，先後組織多次大罷工；1937 年中國抗日戰爭爆發後，華人各派組織均投入如火如荼的抗日救國運動。

1938 年 10 月，南洋各國 45 埠 100 多名代表雲集新加坡，成立南洋華僑最高救國領導機構 ─ 「南洋華僑籌賑祖國難民總會」（簡稱「南僑總會」），馬來亞遂成為東南亞抗日救國的中心。彼時華人在馬來亞的活動可分為為中國共產黨和中國國民黨兩方面觀察：

1920 年代，中國國民黨在馬來亞華僑中的影響擴大，馬來亞出現了新的中華學校、政治俱樂部和各種刊物，以陳嘉庚為首的富商集資支持國內興辦教育和發展工業。但在「4□12」反革命政變之後，在馬來亞的國民黨分裂成兩派。激進派組成反英的「馬來亞國民革命委員會」，保守派組成了「馬來亞國民黨」。1927年，在「馬來亞國民黨革命委員會」的基礎上，又建立了一個反英組織--「工農運動」。他們在工人中進行宣傳教育並組織工會，並於孫中山先生逝世兩週年時，在新加坡組織了一次紀念遊行，遭到警察的射擊。

之後，警察繼而搗毀華人學校。在 30 年代，國民黨在馬來亞華僑的小資產

階級中仍有相當影響，他們主要是透過學校進行活動。英國殖民當局，對華僑政治的增長，甚為驚恐，禁止馬來亞的國民黨支部活動，並嚴格監督華僑開辦的學校。

在中國共產黨方面，1930 年 4 月 30 日，在森美蘭的爪拉比勞村，於馬來亞馬克思主義小組（1920 年代出現的左派團體）聯合會議上，正式宣布成立馬來亞共產黨。共產黨提出了在民族民主革命階段的兩大基本任務，即反對帝國主義和封建主義。明確指出了馬來亞社會主要衝突是人民大眾與英帝國主義的矛盾。從此，在共產黨的領導下，馬來民族解放運動進入了新的階段。

馬來亞共產黨積極組織工會，領導工人進行罷工抗爭，並且十分注意擴大黨的隊伍，特別是著重吸收各民族的先進份子入黨。他們的工作重點放在大城市，如新加坡、馬六甲和吉隆坡等，共產黨員很快就達到了 1,500 多人。

馬來亞共產黨民主職工會很快遭到英國殖民當局的殘酷鎮壓。1931 年，當局宣布共產黨為非法組織，共產黨從此被迫轉入地下，一直到日本軍國主義入侵。殖民當局宣布禁止一切工人運動，取消了言論、結會和結社的自由。英國軍警隨意逮捕、監禁、拷打人民群眾的事件層出不窮。殖民當局還利用種種手段製造民族糾紛和煽動宗教狂熱。

1934 年 4 月，吉隆坡英國鐵路公司的鐵路管理處非法解雇工人，激起全體鐵路工人立即進行罷工抗爭，要求英國資本家不再解雇工人並且保障工人的勞動權利，全國工人聞訊一致聲援。5 月，全國工礦業舉行了聲援鐵路工人的總罷工，致使工業和交通等重要部門幾乎陷於癱瘓。由於全國工人團結抗爭，殖民政府不得不全部答應了工人的要求，馬來亞共產黨領導的第一次全國總罷工，取得了勝利。

1936 年，新加坡罐頭場工人和建築工人罷工，要求提高工資和實行社會保險，反對隨意解雇工人，要求保障工人的勞動權利。馬來亞共產黨領導了這次罷工，並努力把抗爭引向政治運動，提出民主和自由的要求。由於遭到殖民政府的鎮壓，激起第二次全國總罷工的浪潮，全國各個工礦業 20 餘萬工人首先舉行總罷工，嚴正抗議英國殖民當局的野蠻暴行。接著，罷工浪潮席捲整個馬來亞的廣大城鄉，僅種植園和錫礦這兩個部門的工人就達 30 萬人之多。

1937 年，馬來亞各地又爆發了電車工人、碼頭工人、清潔工人和人力車伕的罷工。馬來亞共產黨領導了工人罷工，也團結了社會各階層的團體和人士。

第一次世界大戰後，在馬來亞的印僑也開始展開反英的抗爭行動。20 年代末期至 30 年代初期，印僑工人不止一次地舉行罷工，要求提高工資和改善勞動條件。但這些抗爭帶有自發性，其主要原因是印僑工人運動缺乏組織力量，直到第二次世界大戰前，在印僑工人中尚未建立工會。在印僑富裕的階級中，出現了各種協會，他們主要的目的是在保衛正在興起的當地印僑資產階級的利益。1937年建立的「馬來亞印度中央協會」，是印僑的第一個政治性組織，其與印度國內的國大黨有關聯。

印度人的政治運動相對微弱，在印度民族主義影響下，曾成立一些協會以維護印度人的經濟利益，1941 年才出現較大的騷動，以致軍警和罷工工人在雪蘭莪發生衝突，當局甚至宣布緊急狀態。

兩次世界大戰期間，北婆羅洲經濟發展的特點是英國壟斷資本的地位更加鞏固，這些英國公司控制了三邦主要的經濟部門。例如 1920 年建立了「英國北婆羅洲木材公司」，在沙巴獲得了為期 25 年的伐木專利權。英國的大公司也壟斷了沙巴的菸草和橡膠生產。沙巴完全成了三項產品——木材、橡膠和煙草的供應者。

1922 年，木材的出口約 56,000 立方米，到了 1940 年增加到 175,000 立方米。這一時期，沙巴的橡膠生產迅速發展，種植面積從 1917 年的 30,000 畝擴大至 1937 年的 120,064 畝，占農作物面積的三分之一，因而橡膠出口量大增。1920 年，出口橡膠約 4,170 頓，1928 年超過 6,700 頓，到 1940 年幾乎出口 18,000 頓。

砂勞越的主要經濟部門—橡膠生產、胡椒種植和石油開採，也都被英國資本控制，例如美里地區的石油，就由殼牌石油公司一家壟斷。

汶萊是東南亞最大的石油產區。汶萊詩里亞的石油從 1929 年開始開採起，產油 3,000 桶，到 1940 年增加到 6,267,000 桶，這裡的石油也是由殼牌公司所壟斷。

北婆羅洲經濟上對世界市場的嚴重依賴，使它在每次經濟危機中都蒙受巨大的打擊，例如在 1920 年的世界經濟危機影響下，沙巴 2 萬多人失業，在 21,000 名橡膠園工人中，失業者達 5,000 名。1929-1933 年的世界經濟危機衝擊更大，例如由於橡膠和胡椒價格大跌，立即影響到砂勞越的經濟，收入從 1929 年的 670 萬馬幣減少到 350 萬馬幣。

沙巴和砂勞越在文化和經濟上也較落後，沙巴的教育和衛生很差，到 1925 年，才有第一名牙醫。到 1941 年，總共才有 28 所小學，共 1,663 名學生（居民總數為 31 萬人）。在砂勞越，1940 年 49 萬人中，小學生還不到 2 萬人。兩地文盲率均在 95% 以上。

沙巴在英國北婆羅洲公司統治下，沒有進行任何改革，殖民機構的人員主要來自馬來亞。在 20 年代，設立了一些地方首長的副職，由最得英國殖民者信任的當地人擔任。1935 年建立了地區領袖諮詢會議。1917 年，砂勞越由查爾斯□維納□布魯克統治，後來一直由他的家族統治。沙巴和砂勞越都沒有現代化的組

織。殖民者慘酷鎮壓當地人民的反抗，那怕是最微小的不滿都要遭到迫害。1923年，政府當局的警察血腥鎮壓了美里石油工人的反抗，殺死 13 人，打傷 24 人。1931 年，因橡膠跌價而破產的達雅克人發動了起義，亦被殖民者瘋狂鎮壓，並於 1932 年 12 月逮捕了起義的領袖。

第四章　日本軍事佔領時期（1942-1945）

第一節　日軍佔領馬來亞

二十世紀 30 年代，帝國主義國家之間爭奪世界霸權日趨激烈，日本和德國於 1936 年 11 月 25 日簽訂了《反共公約》，一方面反對蘇聯，另一方面又反對世界市場競爭者—英、美、法。日本內閣在內外矛盾尖銳的情況下，決定加速侵華戰爭，1937 年 7 月 7 日，日本開始武裝侵入華北之後，戰爭迅速擴展到整個中國。

在面臨祖國危亡的緊要關頭，馬來亞的華僑展開了廣泛援助中國人民抗日戰爭的群眾運動，組織募捐及抗日宣傳。參加這場運動的不僅有華僑工人、印僑工人，還有馬來本地工人，形成了馬來亞各族工人空前的大團結。僅就 1937 年 7 月至 1940 年 11 月的募款來看，華僑捐款 1 億 4600 萬美元，占募捐總數的 64% 。

馬來亞華僑總會下成立了 200 多個「拯救祖國協會」，他們廣泛地進行了抗日的宣傳和組織工作。1936 年，馬來亞煤礦公司華僑工人罷工，風潮席捲全國各地，大約共有 30 萬名錫礦、橡膠種植園工人參加。1938 年，馬來亞華僑領導了 4 個大煉錫場的工人罷工：1938-1939 年間，華僑人力車伕暴動。英國政府堅決阻止對中國抗日的援助，並且慘酷地鎮壓了工人運動。

英國殖民政府害怕人民團結，竭力分化反英抗日力量，組織「馬來亞印度中央協會」等反動團體，利用華僑買辦，馬、印上層人物，和宗教中「正派」教徒，進行反革命活動，頒布了一系列反動法令，如工業法庭法令、職工會法令等，對民主力量進行鎮壓。1940 年，逮捕新加坡碼頭工人領袖。1941 年，宣布罷工為

非法，企圖扼殺人民抗日力量。

馬來亞共產黨在長期的抗爭中政治影響日大，1939 年僅民主組織成員已超過 10 萬之眾，共產黨也有上萬成員。然而共產黨的基礎並不廣泛，黨內基本群眾由華僑組成，尤其 1937 年日本大規模入侵中國後，華僑人數增多，共產黨員也增多，因為中國國共合作，已經建成了抗日民主統一陣線。

第二次世界大戰爆發後，世界局勢發生了根本變化，馬來亞人民的頭號敵人已由英國殖民者改換為日本軍國主義者。於是馬來亞共產黨提出有條件地與英國殖民當局合作，共同協助抗日的建議，但是英國殖民當局堅決拒絕接受。這時，由於馬來亞共產黨自 1940 年 9 月後停止抗英活動，並修改以前的民族反英陣線綱領，重新提出協助英國反對日本法西斯，所以共產黨得到了公開活動的機會。

1941 年 12 月 8 日，日本襲擊珍珠港，發動太平洋戰爭不久後，即對英屬馬來亞發動進攻。日本海軍有三個師，兵力約 5 萬人，偷偷地駛向馬來半島東海岸，兩個師在泰國南部宋卡和北大年兩地兵不刃血地登陸，然後直入泰馬邊境；另一個師在吉蘭丹的哥打巴魯與一個旅的印度兵進行一番激戰後登陸，並立即佔領了哥打巴魯機場；日本空軍也在同日清晨 4 點空襲了新加坡，侵略馬來亞的戰爭全面展開。

日本侵略軍的第 5 師團和近衛師團在宋卡、北大年登陸後，分別向玻璃市和吉打逼近，而 18 師團則從哥打巴魯沿東海岸直奔柔佛。雖然馬來亞北部地區大多是山川谷地，但是險要的地勢仍無法阻擋日軍的疾進。以凶悍著稱的日軍指揮官山下奉文在進攻中兼用閃電戰術和游擊戰術：大部隊由日軍坦克、裝甲車等機械化部隊沿著鐵路、公路全速前進；小部隊由三人一組的輕裝日軍在深山密林中穿插前進，以兩翼配合主力進攻。

英國軍隊在戰略部署、力量配備、軍事裝備和官兵素養方面都處於劣勢，對於山下奉文這樣的進攻更是缺乏迎戰的準備，以致於驚慌失措，一敗塗地。馬來亞的英國守軍約 6 萬人，加上後援的 4 萬多人，總兵力共達 10 萬人左右。戰爭前夕，英國的兩艘主力艦「威爾斯親王號」和「無畏號」也駛抵新加坡。1941年 12 月 8 日軍發動攻擊後，英國守軍一敗塗地，兩艘主力艦未發一砲即被擊沉，從而失去了東南亞的制海權。日軍於 1942 年 1 月 11 日攻陷吉隆坡，迄 1 月30 日，馬來半島已全部淪陷。日軍在 55 天內，推進 1,100 公里，平均每天前進20 公里。

　　彼時，在馬來亞的全部英軍撤至新加坡，並於 1 月 30 日凌晨 5 時炸毀連接半島和新加坡的柔佛海堤。不久，日軍的先遣部隊抵達柔佛海邊。2 月 4 日日軍開始大規模地炮襲新加坡，屋樓房舍處於一片火海之中，無辜的居民紛紛慘死在斷樑碎瓦之下。

　　日軍於 2 月 8 日強渡柔佛海峽，進攻新加坡，遭遇英國守軍的頑強抵抗，當時華僑抗日動員總會和政府也組織武裝了 1000 多人的華人義勇軍參與戰爭。2月 15 日新加坡英國守軍投降。至此，日軍占領了馬來亞全境。

　　馬來亞陷落後，日本佔領東南亞的第一步驟已經完成，日軍在東南亞的第一戰場總司令—山下奉文獲得了「馬來之虎」的稱號。日軍於 1942 年 2 月 15 日占領新加坡後，即設置「軍政部」，3 月 7 日任命「昭南特別市」（新加坡）市長以及馬來亞十州知事，管理各地政務，但最高權力掌握在軍政部長手中。

　　日軍統治馬來亞 3 年 8 個月，對當地人民燒殺擄掠，無所不為，加上當地不肖份子助紂為虐，社會秩序極為混亂，馬來亞進入歷史最黑暗的時期。由於日機的狂轟濫炸，英軍退卻時的大量破壞，全國經濟幾乎瀕臨絕境。日軍佔領後，更

是肆意踐躪。在日軍接管了所有的錫礦、橡膠園和港口後，割膠不培植，採礦不整理，使橡膠和錫礦的產量大幅度下降。僅以橡膠產量為例，1941 年的產量609,600 頓，到 1945 年僅 8,700 頓，四年銳減 98.57% 。並且有上百萬工人失業，由此被迫逃往深山老林開荒自救的人，竟達 50 萬之多。

為了掠奪戰略物資，控制馬來亞經濟，確保當地日軍給養，以戰養戰，並鎮壓反抗，鞏固統治，日本軍政府採取了若干措施：

首先，日軍占領新加坡不久後，即在各地實施「大檢證」，將居民集中一處，逐一偵訊，凡被判定為抗日份子者即遭槍決，被害者達數萬人。日本軍事統治 3 年半之內，竟有 10 萬馬來亞人民慘遭殺害。隨後，軍政府推行安居證和連坐法制度，並成立警務局，建立龐大的警察部隊，以防範和鎮壓人民的反抗。

為了奴役當地人民，軍政府加緊灌輸日本「大東亞共榮圈」的思想，重開各種小學，推行學習日語運動。1945 年日本失敗前夕，日本還許諾讓馬來亞在大印尼內獨立。日軍也極力促進印度人的反英民族主義，釋放俘虜的印度軍人，倡導建立印度獨立聯盟、印度民族軍和自由印度政府。但同時日軍強徵壯丁為其侵略戰爭服務，他們從馬來亞驅趕大批勞工前往泰國和緬甸服役修築泰緬公路。

日軍始終把華僑看成敵民，不僅橫徵暴斂，血腥鎮壓，而且還有意挑撥馬華兩大民族的關係。日軍專門用馬來人組成的警察部隊鎮壓以華僑為主的抗日部隊，並散佈華僑掠奪馬來人財富等言論，致使馬華兩族衝突日益尖銳，為戰後民族衝突激化埋下了隱患。

國內通貨膨脹，市場混亂，物價飛漲，如大米、食鹽，暴漲 1 千多倍。普通學校大都封閉，甚至戰前非常不完備的公共衛生制度也被取消，苛捐雜稅也日益增加，有的稅竟比原來增加 40 倍。日軍濫發軍用卷，人民時掙扎在死亡的邊緣。

日本佔領軍在馬來亞的軍事統治，依靠當時封建勢力與蘇丹及其統治機構合作，並依靠他們去鎮壓農民。1943 年 1 月，日本人確認蘇丹為自己土邦的宗教領袖，並且恢復蘇丹的定額薪金。1943 年 12 月，又恢復了行政委員會。這些人不僅保留了自己過去的政治地位，而且還取得了由於英國人逃跑而空下來的官位，因此，馬來亞封建上層為日軍充當忠實的下屬。

日本當局對民族主義者和民族資產階級也表示了些讓步。日軍佔領新加坡後，他們釋放了馬來亞青年聯盟的領導人—雅可布等人，並允許他們重建組織。日本人允許「印度獨立同盟」及其他組織合法存在，並都置於日本當局監督之下，但這些組織在國內政治生活中起不了什麼大作用。還有些民族主義企圖與日本當局合作，達到爭取馬來亞獨立的目的。馬來亞的資產階級和小資產階級的民族主義運動，與東南亞其他國家相比，相對顯得薄弱。

第二節　馬來亞的抗日運動

日軍的暴行和黑暗統治引起馬來人民的激烈反抗。最初反抗日軍的是馬來亞共產黨和新加坡淪陷前夕被解散的華僑義勇軍。他們開始分別組成零星的游擊隊，後來便聯合組成馬來亞人民抗日軍，共 8 個支隊，分別在雪蘭莪、森美蘭、北柔佛、南柔佛、霹靂、西彭亨、東彭亨和吉打等地活動。日本統治時期馬來亞的抗日武裝力量，還有英軍的 136 部隊成員，以及 136 部隊在霹靂北部募集的一支馬來人游擊隊，又名「皇家馬來軍」，但人數不多；此外，還有國民黨的一些武裝和若干自發組建的隊伍。不少平民百姓也極力抵制日軍的統治，如拒絕送小孩入學讀日語、拒絕替日本人工作、為日軍提供情報和糧食等等。

1942 年，馬來亞人民抗日軍領導的第一隻游擊隊在叢林地區建成，包括華籍工人、印籍種植園勞工和馬來農民。1943 年，游擊隊與游擊隊小組統一指揮部建立，馬來亞人民抗日軍正式成立。他們編成團、連、排。各級都有指揮員、政委和文書。他們實行游擊戰，殲滅日軍。人民抗日軍不僅從流落深山老林的難民那裡得到補給，而且得到大量兵源的補充。

馬來亞人民抗日軍與日軍作戰 300 多次，斃傷敵官兵近 6,000 人，有利地打擊了日軍，是馬來亞抗日運動的主力。到 1945 年 8 月日本投降時，馬來亞人民抗日軍已成為一支強大的軍事力量，成員逾 7000 人。這時馬來亞民族解放運動出現了十分有利的革命形勢，但是，戰爭爆發時狼狽逃跑的英國軍隊又捲土重來。1945 年 9 月 5 日，東南亞盟軍總司令蒙巴頓率 25 萬大軍在新加坡登陸。英軍在「受降」和「維持秩序」的幌子下重新佔領了馬來亞，建立軍政府，企圖重新恢復它在馬來亞的殖民統治。1945 年 12 月 1 日，英國殖民當局解除了 6,800 名馬來亞人民抗日軍的武裝，以排除恢復殖民統治的最大障礙。

英國殖民統治者打著戰後和平的旗號，用封官的方式收買馬來亞的封建主和大資產家，利用他們在抗日力量中製造分裂，進而解散了各地的人民委員會，從而奪取了馬來亞人民抗日戰爭的勝利，重新在馬來亞建立殖民統治地區。

第三節 日軍攻佔北婆羅洲

1941 年 12 月 8 日，日本帝國主義偷襲珍珠港、發動太平洋戰爭之際，當時北婆羅洲人民無論是支持盟軍作戰或是保衛領土安全均有極大貢獻。舉例而言，砂勞越人民向英殖民政府的捐助款項即達 32 萬英鎊；此外，砂勞越人民又幫助

殖民政府修建飛機場，並將美里油田設備拆遷新加坡，並自動組織防衛軍，在內河和海岸進行巡邏。除砂勞越人民外，沙巴和汶萊人民也積極投入防備日軍侵略的活動。

然而，以馬來亞「保護者」自詡的英國殖民當局，不但對日軍進犯毫無防備，更對人民群眾的抗日運動進行種種限制和迫害，以至日軍迅速向北婆羅洲推進，如入無人之地。1941 年 12 月 16 日，日本侵略軍在美里登陸，佔領了採油廠；數日後，日軍佔領了蘇丹國的首都汶萊市，將英國殖民政府行政官員全數拘留，並佔領砂勞越首府古晉。1942 年元月，在前後不到兩個月的時間內，汶萊、砂勞越和沙巴三邦，全部淪陷於日本軍國主義鐵蹄之下，從此展開為期 3 年 8 個月的悲慘生活。

日本帝國主義侵占北婆羅州三邦後，對當地人民進行法西斯恐怖統治，大肆逮捕當地的抗日人士，以及所謂的「不合作份子」。在砂勞越，日軍對「華僑籌賑祖國難民會」負責人進行迫害，僅詩巫一地就有 27 人遇害。在沙巴、汶萊，日軍殺害了無數不願意與他們合作的愛國者。

日軍的佔領，還給北婆羅洲的經濟狀況帶來了嚴重的災難。他們沒收華人的財產，強迫人民繳納國防金，上繳糧食，苛捐雜稅數不勝數，又濫發紙幣，致使物價飛漲，市場混亂，貨物奇缺，糧食及一般商品等絕跡市場。日本佔領軍還拼命地設立各種「組合」和「會社」，壟斷當地的工商業並進行巧取豪奪。石油開採已經停頓，水運不通，公路癱瘓，無醫無藥，疾病流行。許多老百姓被迫趕服勞役，為日軍修築飛機場和軍事設施。

日本軍事統治當局在文化上實行奴化政策，例如更改地名、封閉學校、由日軍另設所謂師資訓練所、或是公民學校、強迫北婆羅洲人民學習日語。同時還企

圖利用「以華治華」的漢奸統治政策，強迫華人召開所謂「更生大會」，宣傳「大東亞共榮圈」等，以征服和奴役華人。

1943 年是第二次世界大戰轉折的一年，全世界反對帝國主義侵略的戰爭節節勝利，日本在太平洋的戰事也不斷受挫，日本佔領軍隊北婆羅洲的統治就更加猖狂和兇殘。由於日本海軍在中途島、瓜島一敗塗地，損失巨大，使該地日軍補給困難而引起糧荒。北婆羅洲的糧食已經消耗殆盡，於是，日軍不顧人民死活，強徵了人民的一切口糧、土產、牲畜以供軍餉。並且強徵土地，改為農場，強迫人民耕作。

第四節　北婆羅洲的抗日運動

與馬來亞民一樣，北婆羅洲人民並未被日本帝國主義的恐怖統治所征服；北婆羅周三邦人們自覺地團結起來，組織敢死隊、游擊隊與日本佔領軍進行武裝抗戰，尤以沙巴和砂勞越的抗日游擊隊規模最大。他們不斷武裝襲擊日本軍隊，大大地鼓舞了當地人民的抗日行動。例如，亞庇神山游擊隊，全由華人和杜遜族人組成，協助盟軍光復了古達市。此外，砂勞越的達雅克族和加央族區的游擊隊，均曾多此次重創日本侵略軍，大挫日本侵略者的士氣。

1944 年，英國空軍開始反攻行動，針對北婆羅洲進行定期的反覆轟炸，造成汶萊市等許多城市遭到嚴重破壞。1945 年 6 月 10 日，英軍在穆阿拉市地區登陸，並向汶萊市發動進攻。數週後，英軍佔領了汶萊蘇丹國，進而又重新控制了整個北婆羅洲。日本帝國主義者無條件投降，結束在北婆羅洲的黑暗統治；然而英國殖民者捲土重來，恢復了大不列顛的殖民統治舊觀。

第五章　邁向獨立建國期間（1945-1965）

第一節　馬來亞聯邦與馬來亞聯合邦

一、馬來亞聯邦計畫

日本無條件投降後，第二次世界大戰結束。英軍於 1945 年 9 月進駐馬來亞，建立了軍政府。軍政府採取的第一步措施就是解散馬來亞人民抗日軍。同年 12 月，6,800 名人民抗日軍戰士被解除武裝。

接著，英國著手恢復它在馬來亞的殖民制度。1946 年 1 月 22 日，英國政府發表《馬來亞計畫聯邦白皮書》，它實際上成為其後馬來亞聯邦的憲法，主要內容為：

第一、新加坡為單獨的皇家殖民地，馬來亞其餘地區合併組成中央集權的馬來亞聯邦，以總督為最高行政官員，下設行政、立法兩會議，州設州議會。

第二、在馬來亞出生，或是 1942 年 2 月 15 日前 15 年期間在此地居住的非馬來人均可獲公民權，一切公民擁有平等權力。

第三、蘇丹戰前的一切統治權移交英國政府，在總督主持下，蘇丹主持各邦的協商委員會，對宗教問題提出意見。

英國政府目的係將馬來亞由戰前間接統治的「保護國」變為直接統治的「殖民地」，加強對馬來亞的宰制。至於英國採行新、馬分離政策，目的在於將新加坡建成英國在遠東的中心殖民地，並割斷新加坡共產黨勢力對馬來亞的影響，防

止華人超過馬來人可能引起的種族動亂。

同年 4 月 1 日，該文件生效，軍政府將政權移交給文人政府，英國與各邦蘇丹簽約，正式宣布成立「馬來亞聯邦」。馬來亞聯邦包括馬來半島的 9 個州和檳榔嶼、馬六甲兩個殖民地，而新加坡為皇家直轄殖民地，聯邦中央政府的首腦為代表英皇的總督，各蘇丹政府（州政府）完全隸屬於中央政府，沒有任何實權，政務由 1 名英人參政司主持，它是總督駐各州代表。聯邦的立法權屬於中央立法機關，立法議會的決定也不需徵得蘇丹同意。至此，馬來亞聯邦實際上成了英國全面控制的殖民地。

英國恢復殖民統治舊制、甚或變本加厲的新制，引起馬來亞各族民人的強烈反對。馬來亞共產黨及其他政黨和群眾組織要求民族獨立、新馬合併。蘇丹和貴族領導的大部分馬來人代表本族利益，反對剝奪蘇丹權力和給予非馬來人公民權。英國人的「馬來亞聯邦」制度遭到馬來人的抵制和反對，馬來人認為馬來亞聯邦的建立，是直接恢復英國殖民統治的標誌，全國各地都舉行了聲勢浩大的示威遊行。

馬來亞反抗運動中有三大政黨和集團：第一、1946 年成立的「馬來亞民族統一機構（巫統）」，它很快發展成為最具影響的政黨；第二、馬來亞共產黨；第三、爭取馬來亞和印度尼西亞聯合的馬來民族主義集團。儘管這些政治集團在反英的程度和政治、社會主張上都有相當程度的差別；然而，它們反對英國所泡製的「馬來亞聯邦」是口徑一致的，這迫使英國政府不得不改變政策。

戰後馬來亞人民的政治積極性普遍提高。馬來亞國內形成了廣泛的工人運動，從 1945 年 10 月起，馬來亞、新加坡和檳榔嶼的工會便開始聯合成工人總工會。馬來亞的農民和城市資產階級的政治積極性也明顯增長，成立了不少政治組

織，其中較有影響力的是 1945 年 10 月 1 日建立的馬來亞國民黨。在革命浪潮的衝擊下，英國急需向馬來亞反抗運動中的溫和派妥協，1946 年 6 月英國政府同意修改馬來亞聯邦憲法。

二、馬來亞聯合邦的成立

為了修改馬來亞聯邦的憲法，組織了一個工作委員會以起草新憲法。經過一年多的討論，1947 年 7 月 24 日公佈了新的憲法。新憲法的要點是將馬來亞聯邦改為馬來亞聯合邦，並規定有關公民新的條款，根據新的規定，其他非馬來民族要取得馬來亞的公民權更加困難了。

新憲法遭到馬來亞國內人民的強烈反對，因為他們的政治目標是國家獨立。反對者包括激進的馬來人集團、許多政黨和組織。最令人矚目的是 1946 年 12 月 22 日由各反抗力量代表建立的「全馬統一行動會議」，在它的綱領中要求給予馬來亞和新加坡獨立。但是，所謂「全馬」並非真正達到國內各階層力量的統一。集團之間的矛盾根深蒂固，衝突層出不窮，到 1947 年 1 月，一些激進的馬來亞團體退出了「會議」。因此，「全馬統一行動會議」這個龐大而徒有虛名的組織，無法阻止新憲法的實施。

面對馬來人掀起的第一次民族運動高潮，英國政府被迫讓步。經過英國人代表、蘇丹和巫統領導人的多次協商，1948 年 2 月馬來亞聯合邦成立，代替原來的馬來亞聯邦。

新建立的馬來亞聯合邦，由高級專員取代總督。聯合邦中央政府設行政、立法和蘇丹三會議，由高級專員指定並對其負責的行政、立法會議擁有重要的行政、立法和財政權力。蘇丹宮廷統治繼續存在，每州也設有行政和立法會議。實行新馬分離。馬來人的特權得到承認，新的公民權需 15 年居留期以及語言等有

關條件。顯然，聯合邦是英政府出賣非馬來人公民權利，獲得馬來人政治上妥協的產物，英國人獨掌大權的馬來亞殖民地性質基本未變。

在「馬來亞聯合邦」中，新加坡仍為皇家殖民地。這是一種折衷的政治制度，聯合邦政府以各邦元首和英皇的名義共同主持，中央政府和各邦各有一定的主權。蘇丹恢復了他們戰前的特權，但是，「聯合邦」更多是名義上的，實際上接近於統一的中央政府。地方和中央在重要問題上發生分歧時，前者必須服從後者。「聯合邦」並沒有改變政府的殖民地性質。行政權操予以英國高級專員為首的英國人手中，高級專員委任行政會議的所有人員，他又是立法會議的主席。「聯合邦」初期，行政會議的官方成員多數是英國人。

三、馬來人的反殖民抗爭

聯合邦成立之後，英國殖民者準備通過武力來摧毀馬來亞的反英民主運動。從 1948 年春開始，殖民當局便加緊迫害共產黨、工會和其他民主組織。勞動者以罷工來還擊，罷工者和軍警之間的衝突時有發生，殖民當局更是大肆打擊共產黨及其領導下的群眾組織，實行白色恐怖。6 月 12 日，取締了全馬工會聯盟；6 月 16 日襲擊共產黨《人民之聲》報的編輯部，逮捕了編輯；18 日實施戒嚴令；7 月 12 日，宣布全馬處於「緊急狀態」，接著逮捕和殺害馬來亞共產黨人；23 日，正式宣布共產黨為非法組織。

在殖民當局的瘋狂鎮壓和壓迫下，共產黨轉入叢林，開始展開游擊戰。殖民者企圖一舉粉碎共產黨的行動未能成功，馬來亞開始了長期的內戰。

為了對付游擊隊，殖民當局從英國及其同盟國召集軍隊，因此派往鎮壓的正規軍達 4 萬名。此外，還有約 6 萬警察和 25 萬治安人員，並有海、空軍助戰。

游擊隊在 40 年代末約有 4-5 千人，到 50 年代初發展到約 8 千人。

由於雙方力量懸殊，共產黨的武裝部隊被迫退往邊遠地區，他們在 1948 年 7 月遭受沉重損失。但是他們仍堅持抗爭，甚至進行大規模反攻，佔領一些重要的城鎮。到 1949 年 2 月，共產黨的武裝部隊正式建立成馬來亞人民解放軍。人民解放軍採取游擊戰術，給予英軍巨大威脅，英國殖民者只能駐守在有強大軍隊的城市中。

殖民政府原本以爲兩週內便可以消滅共產黨及其領導的武裝力量，但「戒嚴」直到殖民者最後從馬來亞撤走也沒有結束。持續的抗爭給予殖民政府人力、財力造成很大的壓力，特別是占人口幾乎一半的華人對政府反共持漠視態度，居住在森林地區的「墾民」在兵源、財物和情報等方面對馬共給予支持，使馬共在 1948 年到 1949 年獲得很大的發展。

1949 年開始，殖民政府採取了一系列的措施爭取華人的支持，以削弱馬共的力量：

第一、推行移民新村運動。強迫森林附近所有的居民遷居到特別劃定的地點，集中建立 600 多個新村。當時被迫遷移的居民約 60 萬人，大部分是華人。

第二、支持華人政黨成立。在殖民政府的支持下，1949 年 2 月，以陳禎祿爲首的馬華公會成立。馬華公會開始以集資安置新村居民和爭取華人平等公民權爲主要目的。

第三、倡導族群和諧。1949 年 1 月，殖民政府倡導成立馬華親善委員會，後又擴大爲社群聯絡委員會。

除建立所謂的「新村」外，殖民當局還在各級政府設立了軍事委員會，以控

制當地的民政、軍事和警察事務，加強鎮壓游擊隊活動。

英國殖民當局在絞殺民主力量、殘酷鎮壓游擊隊的同時，力圖拉攏馬來人、華人和印度人中的保守人士，爭取支持，鞏固英國在馬來亞的地位。在合法的左派力量遭到迫害之後，爲馬來亞的封建官僚集團，華人和印度人大資產階級所代表的黨派擴大其影響提供了一個極其有利的機會。他們一方面打著民主、自由的旗幟，擴大其在群眾的影響；一面又與殖民當局合作，以獲取更大的政治、經濟權益。

50 年代初，馬來亞人民的民族自治意識日趨強烈。爲了緩和人民不滿的情緒，殖民政府被迫作出一種「自治狀態」，在馬來亞推行部長制和舉行市鎮一級的地方議會選舉。

1951 年 4 月，4 月實施部長制，任命一些馬來人爲聯合邦行政會議的部長，前巫統主席拿督翁等五位馬來人分別被任命爲內政、教育等部門的部長。1951 年 12 月至 1952 年，在 3 個市和 19 個大鎮舉行地方一級立法會議的選舉。

由於非官方部長是由高級專員任命並向其負責，地方選舉亦受到英國人的嚴密控制，因而這些措施對促進民主自治的作用十分有限。然而，選舉畢竟活躍了馬來亞政治，並產生了一個意外的結果。爲了反對獨立黨，巫統和馬華公會的地方支部在 1952 年 2 月的吉隆坡選舉中暫時結盟，並壓倒呼聲最高的獨立黨，在選舉中獲得 12 席中的 9 席。兩黨在其他地區的結盟選舉亦獲成功。不久，巫統和馬華公會正式組成聯盟。

聯盟使擁有 20-30 萬會員的馬華公會正式捲入馬來亞政治運動，聯盟也使因拿督翁分裂而日趨衰弱的巫統重新興旺壯大。極力避免馬來亞獨立的英國殖民政府突然面臨一個強有力的對手。從此馬來亞各派政治力量重新組合，民族獨立運

動日趨高漲。儘管殖民者不斷重彈「先軍事勝利而後自治」、「太早自治會出現族群混亂」等老調，但無關痛癢的「改革」已不能令人滿意，舉行聯合邦立法會議選舉的問題開始提到議事日程上。

地方議會選舉後，幾乎每個政黨都召開代表大會，討論自治獨立問題，提出選舉議程。在此期間，為了爭取民選議員佔多數，聯盟掀起向統治者、殖民政府、甚至向英國倫敦當局請願的熱潮，並於 1954 年 6 月撤走在政府機關任職的聯盟成員，以示對不合理選舉方案的抵制。

1955 年 6 月舉行全國大選，「聯盟」在 52 個議席中，贏得 51 席。巫統的主席東姑□拉曼出任新政府的首席部長。但是，政府各部部長不是向議會負責，而是向英國高級專員負責，國防、經濟、財政和內政這些重要的部門，也掌握在英國人手中。英國軍隊依然留在馬來亞，繼續鎮壓共產黨。

大選之後，國內群眾反對殖民主義、帝國主義的抗爭有增無減。執政的「聯盟」也利用國內的革命勢力採取行動，透過和平的方式來爭取國家獨立。

此時，英國以無力長期維持新加坡海軍基地和它在馬來亞、新加坡和婆羅洲的駐軍。英國保留在馬來亞的公開殖民統治，只會使國內的反殖民情緒繼續高漲。因此，英國決定向馬來亞再次作出讓步。1956 年 1 月 18 日至 2 月 18 日，英馬在倫敦舉行談判，馬來亞代表團由東姑□拉曼率領。雙方談判達成協議，英國答應在 1957 年 8 月給予馬來亞獨立；增加委任由立法會議選出的人員擔任部長的名額；將財經、國防和經濟事務部的部長轉給「聯盟」，取消在各蘇丹的英國顧問；任命一個委員會，專事起草馬來亞獨立憲法。馬來亞則宣布在獨立之後，與英國簽訂「英馬防衛援助協定」。

1956 年-1957 年，憲法起草委員會擬定了馬來亞聯合邦獨立憲法。1957 年 8

月 15 日,立法會議一致通過。它的要點是:聯合邦的最高元首由現行的蘇丹會議在蘇丹之中選出兩人分任正副元首,任期五年;聯合邦會議由參政院(38 名議員,任期 6 年)和眾議院(104 名議員,任期 5 年)組成,內閣向兩院制議會負責。最高元首應按內閣意見行事。蘇丹各邦以蘇丹爲元首。檳榔嶼與馬六甲則由最高元首任命的總督管治。規定馬來語爲國語,在 10 年之內,英語仍保持爲官方語言。憲法認可非馬來人獲得公民權的屬地原則和較寬鬆的歸化條件,擴大非馬來人的公民權,所有從宣布獨立之日起在馬來亞聯合邦出生的人,都自動成爲馬來亞的公民,以及各族群教育的地位。憲法也確認馬來人保留地制度、服務公職的保留名額制度。承諾向馬來人頒發經營某些特殊行業的執照,和在教育方面給馬來人的獎勵優待。立伊斯蘭爲國教,但保障其他宗教自由。

1957 年 8 月 31 日,正式宣布馬來亞聯合邦獨立,馬來亞從此進入一個新的歷史時期。9 月 2 日,森美蘭的嚴端押都拉曼被選爲聯合邦的第一任最高元首,而原任首席部長的東姑□拉曼擔任第一任總理。

第二節　獨立初期馬來亞的政經情勢

一、馬來亞的政經新情勢

獨立之初幾年,馬來亞聯合邦在政治上仍存在一些殖民地殘餘。英國及其同盟國(澳大利亞、紐西蘭)的軍隊沒有撤出,在新的國家政府機構中,英國人還是佔有相當重要的地位。

1957 年 9 月,東姑□拉曼政府與英國政府簽訂了《防衛援助協定》。此一協

定使鎮壓游擊隊的英國、澳大利亞和紐西蘭的軍隊繼續留在馬來亞合法化了。協定規定：馬來亞、或英國在遠東和東南亞—香港、沙巴、砂勞越和汶萊的領地受到攻擊時，馬來亞和新加坡將採取聯合軍事行動。英國在東南亞條約組織範圍內採取行動時，有權使用馬來亞的軍事基地。協定還規定在英國的幫助下建立馬來亞的武裝力量。

馬來亞宣布獨立之後，國內仍處於緊急狀態。反對共產黨的軍事行動沒有停止。1958 年 3 月，政府實施了一項全民義務兵役制的法令，從而使軍隊和警察的人數激增。政府試圖以此建立他們在國內政治上的統治支柱。

1957-1958 年，政府實行了一系列反民主的措施，14 個民主工會被禁止活動，不少工會活動家和工人黨的成員遭逮捕。

1959 年 8 月的議會選舉，是馬來亞獨立後政治生活的一件大事。圍繞著議席的分配問題，各黨派進行了較量，曝露了「聯盟」內部在爭奪獨立之時，一度得到緩和的各民族黨派組織之間的族群對立，如今又趨激烈起來。這一衝突在巫統與馬華公會之間尤其激烈。巫統是個有族群偏見的集團，他們堅持要賦予馬來人特權，而馬華公會則要求政治平等，極力阻止憲法上做出偏袒馬來人的修改。1959 年 7 月，「公會」新領導林蒼佑要求在 104 個議席中給予「公會」40 個名額（後為 35 個），而不是 28 個名額，並要求由馬華公會提名（不是由親王指定）。聯盟內部三黨在議席上的分歧，幾乎導致「聯盟」的瓦解。

「聯盟」除了內部的權利分配問題爭執不休之外，還受到來自聯盟外部的強烈攻擊。「人民社會主義陣線」在 1958 年 1 月 23 日發表「建立社會主義馬來亞」的綱領。接著於同年 2 月召開的第一次代表大會上，對東姑□拉曼政府的內外政策進行了激烈的抨擊，指責它沒有負起繼續反對殖民地殘餘，並使「聯合邦」沿

著獨立的道路發展的任務。代表大會主張實行符合萬隆精神的中立外交政策，撤離外國軍隊，廢除軍事基地，取消 1948 年英國殖民當局實施的戒嚴令，馬來亞與新加坡合併。

泛馬來亞伊斯蘭教黨則譴責「聯盟」沒有堅決捍衛馬來民族的利益。

第一次全民選舉是在黨派競爭相當激烈的形勢下舉行的。參加選舉的人數佔選民的 75%。選舉結果，在 104 個議席中，「聯盟」獲得了 74 個，泛馬來亞伊斯蘭教黨 13 個，人民社會主義陣線 8 個，人民進步黨 4 個。巫統主席拉曼出任獨立的馬來亞首席部長。

在其後兩年，各黨派反對聯盟黨的力量在持續擴大，但是，始終未能形成一個有力的聯合陣線。

戰後，馬來亞的經濟恢復進行得比較順利。戰爭中遭受破壞的交通運輸迅速得到恢復。國內重要的經濟部門，採礦業和橡膠種植業也逐漸復甦。但經濟的大幅度發展是在 1957 年獨立之後。此時，在國家經濟中，外國資本，主要是英國資本佔居領導地位。政府實行鼓勵外國資本的政策，1958 年通過的企業法給允外商廣泛的優惠，當地資本無法與外資競爭。1959 年，當地企業有上百個礦井倒閉，生產供應國內市場產品的當地資產階級，因競爭力弱而蒙受巨大損失。

馬來亞於 1956-1960 年、1961-1965 年實行了兩個 5 年經濟發展計畫，經濟發展迅速依次為 4.2%和 4.7%。其中農業發展分別為 2.8%和 0.9%，製造業發展比較快，分別達 5.6%和 8.5%。

農業方面的發展，著重於開發農村，開墾新土地，進行規劃和安排定居。從 1959 年起，在副總理敦・阿卜杜勒・拉札克指導下，聯邦土地發展局主持實施了一個計畫。在 5 年之內，根據需要安排先後，每年開墾約 1 萬塊以 10 英畝為

單位的小塊土地，使土地緊張的狀況有所緩和。採礦業用了新的採掘設備和大量吸引外資，錫的年產量維持在 5 萬噸左右。1950 年以後，馬來亞東部在日本人提供資本的援助下，鐵礦砂的生產量呈倍數增長，開闢了 5 個新礦區，1965 年，年產量達 700 萬噸，而戰前只有 200 萬噸。

1960 年，創建了馬來亞開發金融公司，促進新興工業的發展。新興工業在成立 5 年內，稅率可以得到優惠，生產出口產品的的企業還可以延長這種優惠期限。整體而言，此一時期新興工業的發展不快。

二、新加坡情勢的發展

1945 年 8 月 15 日，日本無條件投降。9 月 5 日，英軍登陸新加坡。捲土重來的英帝國主義在全島實行軍事統治，直到 1946 年 4 月 1 日才恢復文人政府。英國政府於 1946 年宣布成立馬來亞聯邦的白皮書後，海峽殖民地被取消，檳榔嶼和馬六甲歸入馬來亞聯邦內，新加坡單獨成為英國直轄殖民地，由英國總督治理。1946 年 3 月 27 日，英皇頒布新加坡敕令，規定了新加坡總督的職權，並訂於不久正式成立行政會議及立法會議。1947 年 7 月 3 日，通過立法會議選舉法令。次年 3 月舉行立法會議大選；同年 10 月，又通過新加坡市政局委員選舉法；1949 年 4 月 2 日，選出市政委員 18 人，於是成立民選的市政局，同年 6 月成立了華人參事局。

自 1947 年立法會議成立後，新加坡湧現了眾多新政黨，進行爭取憲制改革、擺脫殖民統治的運動。1953 年，英國政府任命由喬治‧雷德爾主持的一個委員會制定新的憲法草案，並於 1955 年實施由該委員會推薦的憲法。設立了一個由 32 名議員（其中 25 名由選舉產生）組成的立法會議，並組成了內閣，其中 3 名

當然部長對總督負責，另 6 名部長對立法會議負責。由最大的政黨黨魁擔任首席部長。出任首席部長是由社會黨和部分工黨成員組成的勞工陣線領導人戴維□馬歇爾。當然部長負責財政、外交、國防和內部治安事務。

與此同時，新加坡社會衝突加劇。工人罷工此起彼落，僅 1955 年 4 月至 9 月，市內發生了 213 次罷工。1955 年 10 月 12 日，當局通過了「關於保護社會安全」的法律，實施了警察制度，但也不能阻止抗爭的發展。1955 年末，新加坡出現了新的罷工浪潮。1956 年 3 月 18 日，新加坡 5 萬民眾集會，提出了「要求立即獨立」和「結束殖民主義」的口號。

1956 年，新加坡各黨派組織了一個 13 人獨立代表團，由勞工陣線主席馬歇爾率領，前往倫敦與英國商談憲制，但毫無結果。馬歇爾辭去新加坡首席部長職務，由勞工陣線的林有福繼任。

1957 年 3 月，林有福率代表團赴倫敦談判，4 月 11 日，雙方簽署了一個關於新加坡實行內部自治的報告書，規定新加坡成為一個自治邦，在大英聯邦內實行自治。

根據雙方協議，新加坡改組政權機構，立法會議的議員人數由原來的 32 名增至 51 名，並全部由民選產生；政府各部部長，均由當地人擔任；首席部長改稱總理，對立法會議負責；取消新加坡總督，由英國任命一名在馬來亞出生的人為英皇代表，他有權批准法令。英國在新加坡派駐一名高級專員，新加坡的國防、外交及外貿由英國控制和監督，英國有權佔有、控制、使用與擴大新加坡軍事基地。此外建立一個安全委員會，由英國及新加坡各派 3 人，馬來亞聯邦派 1 人組成，英方代表擔任委員會主席。由此看來，新加坡的自治是非常有限。

1958 年 8 月 1 日通過了新加坡自治法案，1959 年 5 月 30 日舉行大選。民主

社會主義人民行動黨獲勝，它得到了立法會議中 51 席中的 43 席。6 月 3 日，新加坡宣布實行內部自治，接著於 6 月 5 日，由人民行動黨組織的新政府宣布成立。該黨秘書長李光耀出任新加坡自治邦的第一任總理。

新政府剛上台時，面臨著許多困難，當時，新加坡社會蔓延著殖民統治的 3 大後遺症：失業、道德敗壞及犯罪問題。新政府採取一些新措施以消除殖民地文化遺習，並改革行政、整頓行政機構、懲罰貪污、獎勵清廉，節省行政開支，削減中級以上公務員的津貼，廢止月薪在新加坡幣 550 元以上的高級公務員津貼。

但是，新加坡經濟狀況不佳，執政黨內部分歧嚴重，社會大眾的生活未得到改善，到 1960 年 4 月，新加坡計有失業工人 45,000 人，有 25%的人仍處在貧窮線以下，成為社會不安定的重要因素。

人民行動黨執政後不久內部發生了分裂，開發部部長王氏因公開指責黨內缺乏民主而被開除。他組建了一個新的政黨「統一人民黨」，並在 1961 年的補缺選舉中取得一定的勝利。

三、北婆羅洲情勢的發展

在第二次世界大戰前，砂勞越由英國詹姆斯□布洛克家族所統治；沙巴（北婆羅洲）則有英國商人艾爾弗雷德□鄺特等經營的北婆羅洲公司管轄之下。1946 年，英國政府接管了這些戰前屬於英國「私人」的領地，而使其直接成為英國的殖民地。

1945 年 6 月 10 日，英軍在穆阿拉市地區登陸，並向汶萊發動進攻，數週之後，英軍佔領了汶萊蘇丹國。直到 1946 年 7 月，汶萊蘇丹國處於不列顛殖民當

局的管制之下。

沙巴、砂勞越和汶萊，戰後政治發展遠遠落後於馬來亞和新加坡。

馬來亞獨立後，沙巴、砂勞越和汶萊也要求結束殖民統治。早在 1953 年，曾經磋商這 3 個地區在行政和經濟領域的合作問題。1954 年，建立了 3 個地區的共同最高法院。隨著這 3 個地區要求結束殖民地的訴求加強，曾出現將這 3 個地區合併組成一個聯邦的主張。但是汶萊極力反對這一主張，因為這個夾在砂勞越和沙巴之間的蘇丹國，石油資源豐富，它擔心成立聯邦，前兩者會分享它的巨額石油收入。

1957 年之後，英國允許沙巴、砂勞越和汶萊實行一定程度的自治。但是，這並沒有使這些地區的情形發生實質性的變化。砂勞越直到 1959 年 12 月才舉行首次議會選舉，在總共 45 名議員中，有 24 名由地方政府指定。直到 1960 年，砂勞越仍由一個委任的總督和一個由歐洲人與馬來人混和組成的文官集團予以治理。立法議會中民選的人數雖有增加，但也只達委員半數，而沙巴直到 1961 年，官方委員依然控制著行政會議和立法會議。

汶萊的情形則有所不同，英國人於 1958-1959 年決定把它在汶萊的行政權移交給在位的蘇丹。1959 年，汶萊和英國簽訂了一項新的協定，規定以英國高級專員取代駐紮官，而由聯合王國政府負責汶萊的國防和外交。

1961 年，馬來亞總理提出了建立包括新加坡、沙巴、砂勞越和汶萊在內的馬來西亞聯邦，使這個地區的政治生活緊張起來，尤其是在汶萊，發生了強烈的動盪。

第三節　馬來西亞聯邦的誕生

一、「馬來西亞」計畫的提出

1961 年 5 月 27 日，東姑□拉曼在新加坡的一次外國記者招待會上發表演說，提出了建立包括馬來亞、新加坡、沙巴、砂勞越和汶萊的「馬來西亞聯邦」主張。馬來亞的領導人倡議建立包括上述國家和地區在內的馬來西亞聯邦，有其政治與經濟的重考量。

就政治考量言，這樣的結合可以使它在東南亞成為一個強大的國家，況且，新加坡國內政局出現了左派力量的擴大，建立馬來西亞聯邦，可以阻止新加坡政治上向左轉。就經濟觀點言，新加坡擁有世界級的航運港口，將新加坡納入聯邦內，可以加強國家的經濟地位。然因馬來亞不願意僅和新加坡聯合，因新加坡是一個華人佔絕大多數的國家，如果只和新加坡合併，就會在人數上改變馬來亞人和華人在全國人口中的比例。華人在沙巴和砂勞越居民中只佔少數。1960 年，沙巴人口 454,421 人，其中華人佔 31%，而砂勞越 744,529 人，華人只佔 23%。把這兩個地區拉入聯邦，華人只佔群體居民的 42.8%，可以達到平衡作用。

成立馬來西亞聯邦的計畫，立即得到英國的支持，因為它估計馬來亞的保守統治集團，將在馬來西亞聯邦中起決定性的作用，有利於英國維持它在幅員廣大的馬來西亞中的地位。英國力圖賦予馬來西亞新的殖民主義性質。1961 年 11 月 20 日，以拉曼為首的馬來亞代表團和以英國首相麥克米倫為首的代表團開始在倫敦進行談判，達成了英國贊成建立馬來西亞聯邦的協議，並建立一個英馬委員會，以調查沙巴和砂勞越居民對參加馬來西亞聯邦的條件所持的態度。在這次談判中，關於保留英-馬防衛條約的問題佔有重要位置，並決定將該條約的條款擴

展至未來馬來西亞聯邦的所有領地。

建立馬來西亞的計畫，在馬來亞、新加坡、沙巴、砂勞越和汶萊引起的反應是複雜的，甚至在一些地區引起洶湧的反對浪潮。

在馬來亞，「聯盟黨」中最大的「巫統」於 1962 年 8 月通過決議，贊成建立馬來西亞，並尊稱拉曼為「馬來西亞之父」。而國內主要的反抗力量-人民社會主義陣線卻反對建立新的國家，在 1962 年 5 月召開的代表大會上，通過一項聲明，聲稱不承認殖民主義強國為了達到它們的目的而建立的馬來西亞，他主張先讓北婆羅洲獨立，並反對與英國進行談判。泛馬來亞伊斯蘭教黨也批評建立馬來西亞聯邦的計畫，因為在他們看來，不能保證馬來亞人在未來的新國家中起決定性的作用。馬來亞工人黨也在 1962 年 8 月召開的代表會議上通過決議，譴責拉曼政府在組織馬來西亞聯邦中違背人民的意願，與英國政府勾結。但是，無論是來自左派的批評，或是保守宗教民族主義立場的反對，都未能影響馬來亞的局勢，因為「聯盟黨」在國內佔有優勢，它當時的地位相當鞏固。

新加坡政府的李光耀欣然接受合併於馬來西亞，這自然也有他政治上和經濟上的考量。從政治上來說，他希望透過參加馬來西亞，從而結束英國在新加坡的殖民統治，獲得獨立。從經濟上來說，新加坡和馬來亞本來就有著密切的關聯。在 50 年代末，新加坡大部分的進出口貿易是與馬來亞聯合邦進行的。現在，新加坡正雄心勃勃地發展工業化，更需要馬來亞這個廣大市場和它的原料供應。因此李光耀與拉曼經過兩度會談之後，雙方於 1963 年 3 月私下同意組成馬來西亞聯邦。但是，在新加坡國內掀起了反對與馬來亞合併的浪潮。人民行動黨的 13 名左翼成員因而退黨，並另組「社會主義陣線」，這導致行動黨 70%的黨員退黨。就連黨總部的高級人員也只剩下四、五十人未倒向「陣線」。李光耀在議會裡只剩下微弱的多數，但是，李光耀在 1962 年 9 月，就是否加入馬來西亞聯邦問題

舉行全國投票，結果，70%的人贊成政府案。李光耀站穩了陣腳，接著李光耀政府乘機逮捕其政敵社會主義陣線的領袖，以及多位傾向共產黨的人士。

沙巴和砂勞越意識到自己政治上尚無力量獲得獨立，但它們都不願意透過和馬來亞合併的方式來實現獨立，這些地區的統治者們對建立馬來西亞聯邦心有疑慮，擔心這會導致馬來亞人取代英國的統治地位。1961 年 7 月，北婆羅洲的領導人在亞比召開的會議上，宣布馬來西亞計畫「完全不能接受」。然而，亞比會議後不久，召開了英聯邦議員協會馬來亞-婆羅洲小組會議，北婆羅洲的領導人被說服同意組織馬來西亞團結協商委員會，審查馬來西亞計畫。汶萊派觀察員參加團結協商委員會。協商結果，任命了一個由英格蘭銀行前總裁柯伯博爾德勛爵領導的英馬委員會，調查婆羅洲人的意願。

1962 年初，該委員會在沙巴和砂勞越經過兩個月的巡視之後，提出一份表明兩地居民同意合併的報告。於是，委任了一個由蘭斯道恩伯爵領導的英馬雙邊委員會，以擬定沙巴和砂勞越加入馬來西亞的條件。該委員會於 1963 年 2 月提出報告，建議接受沙巴和砂勞越自己提出的加入馬來西亞聯邦的條件，及他們在馬來西亞議會裡代表的比例英高於馬來亞的任何一邦或新加坡；控制外來移民；保留英語為官方語言，以及宣布婆羅洲不設國教。

但是，在沙巴和砂勞越也還是有反對者，砂勞越反對建立馬來西亞的最有勢力政黨是砂勞越人民聯合黨。然而，在 1963 年 6 月舉行地區選舉時，主張建立馬來西亞的政黨獲得了多數席位。在沙巴，圍繞著建立馬來西亞的問題，國內政治大大活躍起來。在拉曼發表建議成立馬來西亞聯邦之前，沙巴沒有一個政黨，但到 1961 年末，已經出現 5 個政黨，這些政黨聯合組成「沙巴聯盟黨」。它在1962 年 12 月舉行的地區選舉中，獲得巨大勝利。

在汶萊，成立馬來西亞計畫釀成了猛烈的反對風暴。1961 年 12 月，汶萊蘇丹奧馬爾□阿里□賽福丁宣布支持建立馬來西亞聯邦的主張。但是由阿末□阿札哈里領導的人民黨於 1963 年 12 月 7 日發動起義，反對建立馬來西亞，主張北婆羅洲三邦組成一個聯邦。起義者建立了北婆羅洲國民軍，經過英勇戰鬥，佔據了 20 來個市鎮。他們攻破監獄，釋放囚犯，逮捕英國駐汶萊高級專員和蘇丹行政當局的許多官員，起義的浪潮波及沙巴和砂勞越。

英帝國主義向這樣彈丸般的蘇丹國派遣了大批的軍隊，並有空軍和海軍參戰。到 12 月 5 日，在汶萊集中了 5,000 名討伐軍，英國在東南亞條約組織內的兩個夥伴國澳大利亞和紐西蘭給予了有利的支持，拉曼也從馬來亞派出一支 200 人的特種警察部隊前往汶萊。

經過數天激戰，起義被鎮壓，12 月 20 日，蘇丹取締人民黨，解散了立法會議，停止實施憲法，對人民黨及其支持者和同情者開始大規模的逮捕和迫害。

汶萊的起義雖以失敗告終，但汶萊蘇丹遭受這次打擊之後，也放棄了參加馬來西亞聯邦的打算。

汶萊的起義在東南亞以及全世界都引起極大的關注，並得到民主力量的支持與聲援。在馬來亞和新加坡都引起極大反應。馬來亞、新加坡當局慌忙進行鎮壓。1963 年 2 月，新加坡逮捕了抱有反對馬來西亞情緒共 163 名著名的工會和社會活動家。在馬來亞，眾議院議員，馬來亞人民黨主席艾哈邁德□布斯塔曼亦被逮捕。

建立馬來西亞的計畫在東南亞導致了國際關係的緊張，菲律賓總統在 1962 年夏正式提出對沙巴的領土要求，理由是 1878 年蘇祿蘇丹並沒有出賣沙巴，而只是將它出租。但是，在菲律賓所展開的反對馬來西亞的運動，並沒有對局勢的

發展產生多大的影響。

真正使馬來亞政府較為緊張的是印度尼西亞的「對抗」。英帝國主義想給予「馬來西亞」新殖民主義的性質，引起印度尼西亞方面的反對。但是，「對抗」的最主要因素是國內因素。在國內社會矛盾激化、政治危機四伏的形況下，「對抗馬來西亞」可以起避雷針的作用，轉移群眾視聽。

印度尼西亞反對馬來西亞的計畫，起初是比較謹慎、隱晦的，但自 1962 年末情形就發生了變化，那時，印度尼西亞開始公開支持北婆羅洲反對馬來西亞的起義運動（起義運動的領導人也得到菲律賓當局的支持）。到 1963 年 6 月，局勢略有緩和，蘇卡諾和拉曼在馬東京會晤，隨之印度尼西亞、馬來亞和菲律賓的外長在馬尼拉會晤。但是，印度尼西亞和菲律賓宣稱，他們只是在聯合國確定北婆羅洲居民支持馬來西亞的情形下，才能同意建立馬來西亞。

雖然，拉曼當時表示堅持要在 8 月 31 日宣布成立馬來西亞，但在 1963 年 7 月 30-8 月 5 日的馬尼拉會議上，拉曼還是同意由聯合國一個委員會審定沙巴和砂勞越人民意願之後，再行宣布。聯合國小組從 8 月 26 日至 9 月 5 日就此事進行調查，結果報告大多數居民支持建立馬來西亞。印度尼西亞和菲律賓不承認聯合國小組的這一個結論。9 月 16 日，馬來西亞宣布成立，印度尼西亞和菲律賓的使館立即撤離馬來亞。

二、馬來西亞聯邦初期的政經情勢

新成立的馬來西亞聯邦分成「西馬」和「東馬」兩部分，西馬（包括新加坡在內）是經濟高度發展的地區，而東馬（沙巴和砂勞越）是經濟不夠發達的地區。馬來西亞經濟的主要特點是各地區之間發展極不平衡，以及它依然在很大程度上

從屬於世界貿易，受世界市場價格波動的影響。因為馬來西亞的經濟主要是建立在「三台柱」--農業、採礦業和貿易之上，它的整體經濟具有明顯的出口性，主要的出口產品是橡膠和錫。1963 年，馬來西亞生產的橡膠總計 84 萬噸，居世界橡膠生產的三分之一。錫的生產在馬來西亞經濟中佔居第二位。1964 年錫的產量幾乎達 59000 噸，佔全球市場錫產量的三分之一以上。

馬來西亞的加工工業並不發達，在國民經濟中所佔比重不大。

這樣的經濟結構，使馬來西亞的經濟在很大程度上取決於世界市場橡膠和錫價格的升降。馬來西亞政府的經濟發展方針是在為當地資產階級發展建立有利條件的同時，積極吸引外資，因此，在 1963-1965 年，大量外資湧入。英國、美國、日本和澳大利亞等國的壟斷集團在馬來西亞開設了新的企業。

在馬來西亞建立的頭兩年，經濟上取得了一些成就。例如 1964 年，國民生產總值比 1963 年增長 7.6%。到 1965 年為 8.5%。

但是，印度尼西亞與馬來西亞的對抗，對馬來西亞的經濟，尤其是其中的新加坡（與檳榔嶼）帶來了嚴重損失。這兩個港口原是從印度尼西亞進口橡膠、錫、石油、椰干和其他原料，然後再輸往別的國家。同時，印度尼西亞的進口商品，很大部分也是透過新加坡轉口輸入的，由於印馬對抗，造成貿易停止，新加坡國民收入值幾乎缺少 9%。在印馬關係中斷的頭三年，新加坡和馬來亞的對外貿易縮減為 3%，導致失業人數增加。

馬來西亞成立之後，到 1964 年，在新加坡、沙巴和砂勞越、馬來亞都舉行了選舉，選舉結果出現了一個共同的形勢，執政黨的地位得到了鞏固和加強，反對黨的力量明顯削弱。這一局勢也與印度尼西亞的對抗有關，「對抗」促進了馬來西亞的團結。聯盟黨在聯合各政黨和各民族的口號下與印度尼西亞的對抗進行

抗爭。反對建立馬來西亞的反對派，被譴責為背叛民族利益。

從 1964 年起，在馬來亞、新加坡和砂勞越開始大肆鎮壓反對派，逮捕反對黨和左派組織的領導人。新加坡當局在 1964 年 6 月，逮捕了南洋大學的大批學生；8 月，又解散了在社會主義陣線影響下的學生民主同盟；9 月，逮捕社會主義陣線成員、學生組織和工會的追隨者。反對派和左派勢力受到嚴重摧毀。

歐美列強極力利用印馬衝突來鞏固它們對馬來西亞的影響。英國與馬來西亞有共同防衛關係，它在馬來西亞擁有軍事基地。英國與馬來西亞出兵北婆羅洲，鎮壓當地的游擊隊。到 1964 年 6 月，在北婆羅洲的英國和馬來西亞士兵超過 1 萬名。與英國合作的澳大利亞和紐西蘭也參與了沙巴和砂勞越的軍事活動。

美國也採取一系列步驟加強它在馬來西亞的地位。在 1963-1965 年，美國多次派遣使團訪問馬來西亞，馬來西亞接受了美國的一些貸款以購買軍事裝備。

但是，在這一期間，馬來西亞的對外政策中出現了一些新的趨勢，集力圖擺脫歐美列強的左右，馬來西亞政府聲明奉行中立政策，並力圖加強與亞非國家的關係。

三、新加坡退出馬來西亞聯邦

1965 年，新加坡與馬來西亞分離，這一件事情有其經濟與政治的原由。

經濟上的原因主要是關於手工業的地理位置、共同市場和新加坡收入的分配問題。新加坡抱怨中央政府將開辦的企業更多安置於馬來亞，新加坡因而遇到嚴重的城市失業問題，同時，對遲遲不建立共同馬來西亞市場不滿。可是馬來亞和北婆羅洲卻害怕一但取消馬來西亞內部地區的關稅，它們就無法與經濟上比較強

大的新加坡競爭，因此，直到 1965 年夏，共同市場始終沒有建立。至於以新加坡收入分配的問題，在制定新加坡加入馬來西亞的條件時，以規定新加坡收入的 60%留給自己支配，40%上交給馬來西亞中央政府。從馬來西亞成立之日起，中央政府就企圖修改這一協議，以便獲取新加坡收入的 60%。

政治上的矛盾同樣嚴重。早在 1963 年 9 月，新加坡舉行立法會議選舉時，聯盟黨就提出了它的候選人參加競選。1964 年 4 月馬來亞選舉時，新加坡人民行動黨也提出了候選人，雖然這樣的競選不可能影響對方在本地區的地位，但清楚地表露了馬來亞聯盟黨和新加坡人民行動黨之間的矛盾。尤其是在馬來亞 4 月選舉中，聯盟黨的領導人譴責人民行動黨的目的是在破壞國內各民族之間現有的平衡，巫統的某些領導人譴責李光耀力圖在馬來西亞建立華人的統治。

1964 年夏，馬來亞和新加坡的矛盾更趨嚴重。在一些馬來民族主義的宣傳、煽動之下（主張給予新加坡的馬來人特權），新加坡的馬來人和華人之間發生了流血事件，死亡 21 人，傷 500 人。9 月，衝突再起。9 月事件之後，拉曼和李光耀會晤，兩黨之間的直接衝突隨之終止，但關係依然緊張。

1964 年 11 月，在人民行動黨成立 10 週年紀念會議上，李光耀提出了一項加強《民主社會主義》運動的綱領，並提出建立一個統一的馬來西亞民族，所有馬來西亞的公民享有平等的權利和特權，此一綱領遭到馬來亞統治集團的激烈抨擊。

1965 年春，馬來亞和新加坡的矛盾白熱化了。人民行動黨開始組織反對黨團結聯盟。5 月，在新加坡舉行了反對黨的會議，成立了馬來西亞團結聯盟。參加的有人民行動黨、馬來亞聯合民主黨、人民進步黨、砂勞越聯合人民黨等。「聯盟」的目的是要建立一個「民主的馬來西亞人的馬來西亞」。巫統則認爲「馬來

71

西亞人的馬來西亞」是針對「馬來人的馬來西亞」的，提出要求逮捕李光耀和人民行動黨的其他領導人。而李光耀斥責這些人的馬來民族主義，並要求國家政治生活民主化。

雙方的矛盾已達到無法調和的地步。在這種情形下，拉曼政府採取了斷然的措施。1965 年 8 月 7 日，馬來西亞的領導人和新加坡領導人簽訂了關於新加坡退出馬來西亞的決定。8 月 9 日，新加坡脫離馬來西亞成為一個獨立的國家。

附錄 馬來西亞基本資料與概況

地理概況

馬來西亞位於亞洲大陸與東南亞群島的銜接部分,地處亞、澳兩大陸與太平洋、印度洋的交匯處。

馬來亞西由不相連接的東南兩塊土地組成,西部位於馬來半島南部,稱爲西亞來西亞(簡稱西馬);東部位於婆羅洲島的北部,稱爲東馬來西亞(簡稱東馬)。此二地約位於北緯 1 至 7 度,非常接近赤道。東西馬之間隔南海的廣闊水域,兩地東西間距最長 1500 公里,最短 750 公里。

地處馬來半島的西馬其形狀似一片綠葉,鑲嵌在碧海之上。西馬北面與泰國爲鄰;南邊隔著柔佛海峽,通過長堤與新加坡連接;西部與西南部隔馬六甲海峽,和印尼的蘇門達臘島相望;東濱南海。地處婆羅洲島北部的東馬由沙巴與砂勞越越兩個地區組成。沙撈越的東北部與汶萊接壤;沙巴的北端與菲律賓的巴拉望島只有一水之隔。

馬來西亞面積爲 332,400 平方公里,海岸線總長約 4,830 公里,陸地邊界線總長約 2,700 多公里。

民族構成

馬來西亞是一個由多元族群組成的國家,約有 30 多個民族。其中馬來人佔 58%,華人佔 26%,印度人佔 7%,其他族群佔 9%,其中人數較多的爲:伊班人、陸達雅克人、卡揚人、梅拉瑙人、克拉比特穆魯特人、普蘭人、卡達山人、巴台

人、伊達汗穆魯特人、班查爾人、賽諾伊人、賽芒人及原馬來人(ploto-Malay)。從族群的地區分佈來看，馬來人、華人、印度人這三個主要族群大多居住在西馬，有少數散居在東馬。居住在西馬的少數族群有：統稱爲賽芒人的賈海人、巴特克人、梅尼克人、拉諾人、金塔克人、肯休人；統稱爲賽諾伊人的賽邁人、特米來亞爾人、普來人；屬於原始馬來人的賈昆人、特穆亞登人、賽米萊人，「水上人」。在東馬，少數族群占當地人口一半以上，他們是：居住在砂勞越州的伊班人、陸達雅克人、卡揚人、梅拉瑙人、克拉比特穆魯特人、普蘭人及佩蘭人；居住在沙巴州的卡達山人、巴台人、伊達汗穆魯特人；在砂勞越和沙巴兩州都有分佈的班查爾人。大多數華僑在英國人統治馬來西亞時，就已飄洋過海來這裡找生計了。印度人與華人一樣，也是很早就湧入馬來西亞半島工作。雖然各種族的生活背景、文化都有所不同，但透過政府實施的政策和族群之間的互相諒解，各族群都能融洽地相處在一起。

宗教情勢

馬來西亞憲法規定，伊斯蘭教爲馬來西亞國教，但每個公民都享有選擇宗教的自由。馬來西亞是一個多種宗教並存的國家，除了被定爲國教的伊斯蘭教之外，還有佛教、印度教、基督教、德教、原始宗教。馬來西亞的宗教信仰常以族群區分：馬來人信奉伊斯蘭教；華人則多信奉佛教（也有信奉儒教和道教）；印度人則以信仰他們本身的印度教爲主；不少的馬來西亞人也信奉由西方傳來的基督教。自從伊斯蘭教於十五世紀開始傳入馬來半島（當時的馬六甲王朝），當地的社會便深受影響而成爲伊斯蘭教社會，沿傳至今仍然不變。以伊斯蘭教而言，各州的行政首長稱爲蘇丹（Sultan），也是一州中伊斯蘭教的最高領袖。然後，再由各州蘇丹中，選出一位領袖，擔任馬來西亞的最高元首（外國稱國王—Yang di-Pertuan Agong）。馬來西亞的元首，也是國家最高的伊斯蘭教領袖。

政治制度

馬來西亞採君主立憲政體，聯邦政府是由以下 13 州及 2 個聯邦直轄區所組成。13 個州當中，有 11 個在西島，2 個在東島。兩個聯邦直轄區，其中一個在西島，另一個在東島。州的行政首長稱為蘇丹，雪蘭莪、森美蘭、霹靂、彭亨、柔佛、玻璃市、吉打、吉蘭丹與丁加奴 9 個州的行政首長由世襲蘇丹擔任。檳城、馬六甲州、沙巴、砂勞越四州州長，由聯邦政府任命委派，稱為首席部長。西馬的 11 個州下設置縣和鄉，東馬的 2 個州下設省和區。吉隆坡和納閩是聯邦直轄區，吉隆坡同時也是馬來西亞的首都。馬來西亞的最高元首被稱為 Yang di-Pertuan Agong，元首是由州的蘇丹（Sultan）選出，任期 5 年。

馬來西亞各州名稱對照表

玻璃市	Perlis
吉打	Kedah
檳城	Pulau Pinang
霹靂	Perak
雪蘭莪	Selangor
森美蘭	Negeri Sembilan
馬六甲	Melaka
柔佛	Johor
吉蘭丹	Kelantan
丁加奴	Terengganu
彭亨	Pahang
沙巴	Sabah
砂勞越	Sarawak
吉隆坡	Kuala Lumpur
納閩	Labuan

國會為馬來西亞最高立法機關，由元首和上、下議院構成，掌有立法權。國會議員是由人民每五年投票選出。行政方面是由馬來西亞首相為首的內閣負責，首相委任多位部長協助執行各項職務。司法權則由各級法院職掌。聯邦政府統治下的 13 州設有州政府，享有內政獨立的自主權。

經濟情況

豐富的天然資源、完整的交通運輸網絡、充足的勞力市場等，都是促使馬來西亞經濟突飛猛進的原因。獨立後的馬來西亞，初期時的經濟收入多依靠錫、橡膠、木材、棕油等天然資源。90 年代初期，政府積極發展重、輕工業，如原料加工工業、電子與電器工業、食品工業等，並鼓勵外商投資開設工廠。為了落實馬來西亞在 2020 年成為先進國的宏願，政府努力發展汽車工業，並推出了本地製造的汽車、貨車和摩托車。同時，也朝電腦與資訊工藝的領域積極邁進，包括建立多媒體超級走廊，效仿美國矽谷。馬來西亞 1998 年的出口總額是 282 億馬幣零吉。主要輸出品是電子與電器產品、工業產品、紡織品、棕油和橡膠。進口總額則是馬幣 225 億馬幣零吉，主要進口品為機械機器、工業製品、原料和食品。貿易的對象國以日本、美國和新加坡為主。

參考資料

Andaya, B.W. and L.Y. Andaya. 1982. *A History of Malaysia.* London, McMillian.

Baker, Jim. 1999. *Crossroad: A Popular History of Malaysia-Singapore.* Kuala Lumpur, Times Press.

Chai, Lean Huang. 1982. *History of Malaysia and Singapore(1400-1965).* London, Pan McMillian.

Hall, D.G.E. 1994. *A History of Southeast Asia.* London, McMillian.

Krotoska, Paul H. (ed.) 1995. *Malaysia and Singapore during the Japanese Occupation.* Singapore, Singapore University Press.

Lee, Kuan Yew. 1998. *The Singapore Story(1023-1965): Memories of Lee Kuan Yew.* Singapore, Times.

Roff, W.R. 1967. *The Origins of Malay Nationalism.* Kuala Lumpur, University of Malay Press.

Spruit, Ruud. 1995. *The Land of the Sultans: A Illustrated History of Malaysia.* Seattle, University of Washington Press..

Turnball, C. Mary. 1989. *A History of Malaysia, Singapore and Brunei.* New York, Allen & Unwin.

古鴻廷。1994。《東南亞華僑的認同問題─馬來亞篇》,台北,聯經。

台灣商務印書館輯編 。1992。《陳序經東南亞古史研究合集》(上卷)、(下卷)。

77

台北,台灣商務印書館。

朱振明。1995。《當代馬來西亞》,成都,四川人民出版社。

江炳倫著。1995。《亞洲政治文化個案研究》。台北,五南出版社。

宋哲美。1967。《馬來西亞華人史》,香港,東南亞研究所。

余定邦、黃重言。2002。《中國古集中有關新加坡馬來西亞資料匯編》,北京,中華書局。

李光耀。1998。《李光耀回憶錄:1923-1965》,台北,世界書局。

林水濠編。1984。《馬來西亞華人史》,吉隆坡,馬來西亞留台校友會聯合總會。

許雲樵。1966。《馬來紀年》,新加坡,新加坡青年書局。

許雲樵。1969。《新加坡一百五十年大事紀》,新加坡,新加坡青年書局。

陳水逢。《東南亞各國的政治社會動態》。台北,台灣商務印書館。

張錫鎮。1995。《當代東南亞政治》。廣西南寧,廣西人民出版社。

———。1999。《東南亞政府與政治》。台北,揚智出版社。

駱沙舟、吳崇伯編著。1998。《東南亞政治體制》。蘭州,蘭州大學出版社。

楊建成。1972。《華人與馬來亞之建國》,台北,商務印書館。

劉迪輝、李惠良主編。1989。《東南亞簡史》,南寧,廣西人民出版社。

羅佩恒、羅佩菁。1996。《新加坡簡史》,新加坡,新華文化事業。

顧長永。1995。《東南亞政府與政治》。台北,五南出版社。

薩德賽 (D.R. SarDesai) 著，蔡百銓譯。2001。《東南亞史》(上冊)、(下冊)。台北，麥田出版社。

國家圖書館出版品預行編目資料

馬來西亞簡史 / 陳佩修著 —— 初版
—— 南投縣：暨大東南亞研究中心，2003[民 92]
面：15 x 21 公分

ISBN 957-01-3821-1 (平裝)

1.馬來西亞 2.歷史

738.61 92005225

馬來西亞簡史

作 者：陳佩修
審 訂：陳仲玉

出版者：國立暨南國際大學東南亞研究中心

地址：545 南投縣埔里鎮大學路一號
電話：(049) 2940960 分機 2561
傳真：(049) 2918541
網址：http://www.ncnu.edu.tw

版 刷：2003 年 6 月 初版一刷

定 價： 元